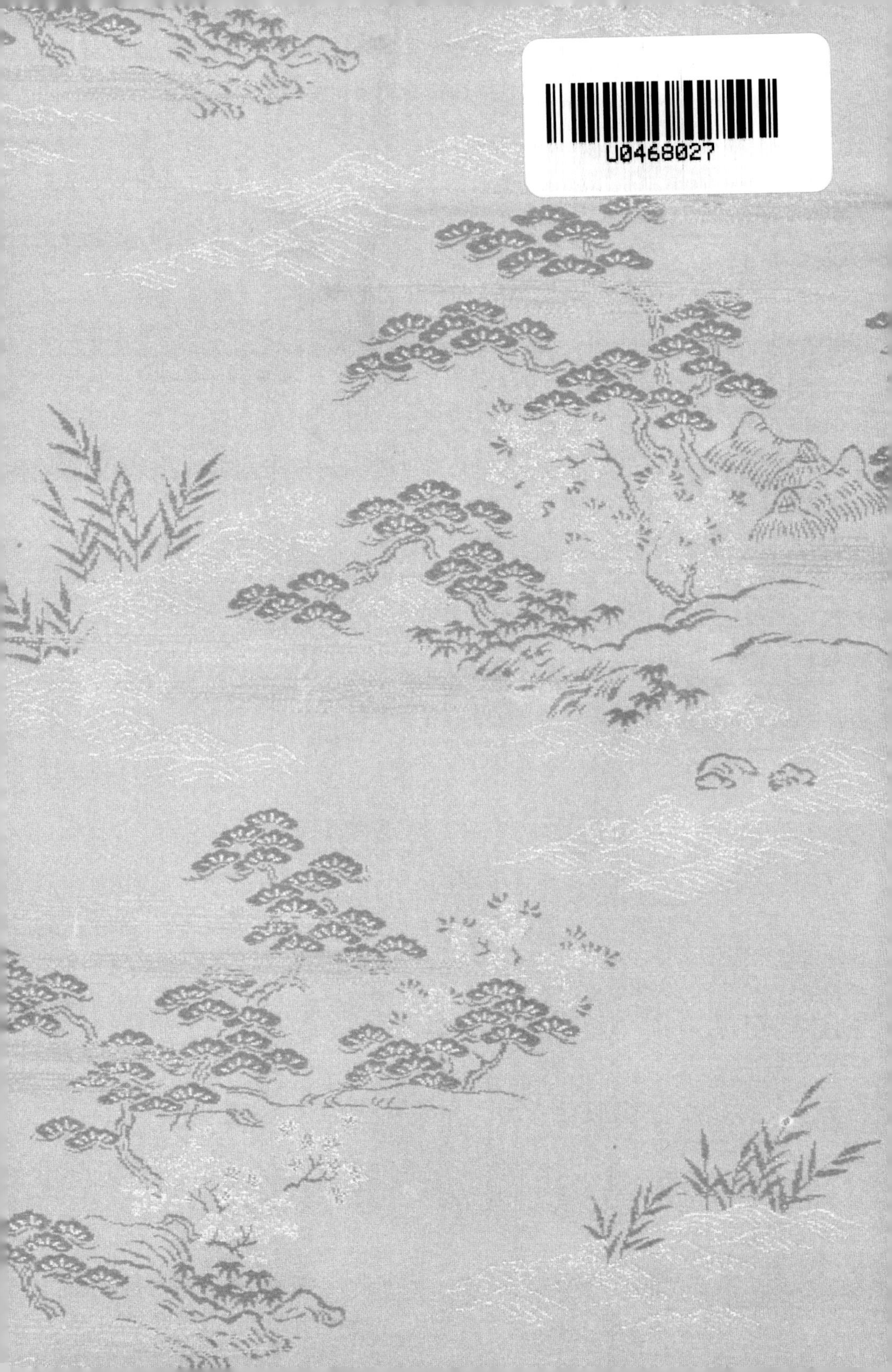

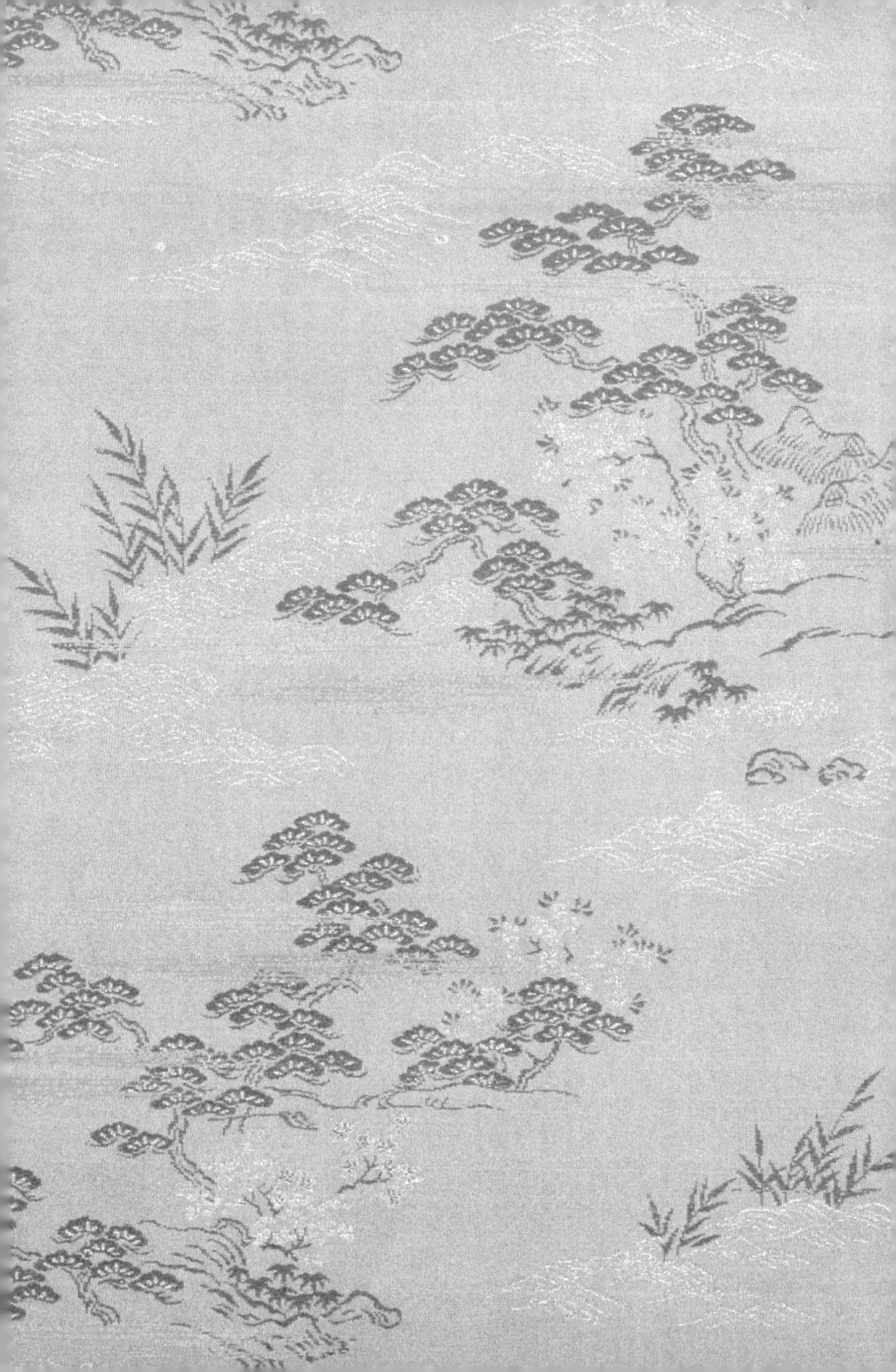

民族之魂

患难知心

陈志宏◎编著

延边大学出版社

图书在版编目（CIP）数据

患难知心 / 陈志宏编著. -- 延吉：延边大学出版社，2018.4（2023.3 重印）
（民族之魂 / 姜永凯主编）
ISBN 978-7-5688-4486-4

Ⅰ. ①患… Ⅱ. ①陈… Ⅲ. ①品德教育—中国—青少年读物 Ⅳ. ① D432.62

中国版本图书馆 CIP 数据核字（2018）第 069493 号

患难知心

编　　著：陈志宏
丛 书 主 编：姜永凯
责 任 编 辑：王　静
封 面 设 计：映像视觉
出 版 发 行：延边大学出版社
社　　　址：吉林省延吉市公园路 977 号　　邮编：133002
网　　　址：http://www.ydcbs.com　　E-mail：ydcbs@ydcbs.com
电　　　话：0433-2732435　　传真：0433-2732434
发行部电话：0433-2732442　　传真：0433-2733056
印　　　刷：三河市同力彩印有限公司
开　　　本：640×920 毫米　　1/16
印　　　张：8　　字数：90 千字
版　　　次：2018 年 4 月第 1 版
印　　　次：2023 年 3 月第 2 次印刷
ISBN 978-7-5688-4486-4

定价：38.00 元

前　言

人有灵魂，国有国魂；一个民族，也有民族魂。

鲁迅先生曾经说过："唯有民魂是值得宝贵的，唯有他发扬起来，中国才有真进步。"

鲁迅先生以笔代戈，战斗一生，曾被誉为"民族魂"。

民族魂，顾名思义，就是一个民族的灵魂！民族魂，是一个民族的精髓，体现了一种民族的精神，是一个民族生存和存在的精神支柱。

什么是中华民族的民族魂？那就是中华民族精神！它是中华民族凝聚力的理念核心，是中华文明传承的基因。它包含热烈而坚定的爱国情感，对生活的美好愿望和追求，为目标努力奋斗的拼搏毅力，为正义事业不惜牺牲自己的精神，以及正确的人生观和价值观。

翻开浩瀚的中国历史长卷，我们可以看到数不胜数的，体现民族精神和民族魂的英雄人物和可歌可泣的感人故事。

民族魂，不仅体现在爱国主义精神和行动中，而且体现在各个领域自强不息的民族奋斗中。而中华民族精神的力量，更是深深植根于延绵几千年的传统文化之中，始终是维系中华各族人民共同生活的纽带，是支撑中华民族生存和发展的精神支柱，是不断推动中华民族前进的强大动力。

民族魂体现在"重大义，轻生死"的生死观中；民族魂体现在"国家兴亡，匹夫有责"的使命感中；民族魂体现在"我以我血荐轩辕"的大无畏精神中；民族魂

体现在将国家利益置于最高的爱国情怀中！

纵观中华五千年文明史，曾经有多少杰出的政治家、军事家、思想家、文学家、科学家、艺术家；曾经有多少忧国忧民、鞠躬尽瘁的仁人志士；曾经有多少抗击外敌、英勇献身的民族英雄。他们或顺应历史潮流，积极改革弊政，励精图治，治国安邦，施利于民；或为人类进步而不断进行着农业、工业、科技、社会等各种创新；或开发和改造河山，不断创造着灿烂的中华文明；或英勇反击外来侵略，捍卫着国家主权和民族尊严；或坚决反对民族分裂，维护国家的统一……他们从不同的侧面，体现了中华民族的民族魂，谱写了几千年中华文明的壮丽诗篇，铸造了中华民族高尚而坚不可摧的"民族之魂"。

民族魂，就是爱国魂。从屈原在汨罗江边高唱的《离骚》，到文天祥大义凛然赴死前的"人生自古谁无死，留取丹心照汗青"的诗句；从岳飞的岳家军抗击入侵金兵，到郑成功收复台湾；从血雨腥风的鸦片战争，到硝烟弥漫的十四年抗战，再到抗美援朝的隆隆炮声……哪个为国捐躯的英雄不是可歌可泣的？

民族魂，就是奋斗魂。从勾践卧薪尝胆，到司马迁秉笔直书巨著《史记》；从鉴真东渡传播佛法终在第六次成功，到詹天佑自力更生建铁路；从袁隆平百次实验成为"水稻之父"，到屠呦呦的青蒿素获得诺贝尔奖……哪个不是历经艰难，最终取得成功？

民族魂，就是改革献身魂。从管仲改革到商鞅变法；从王安石变法到百日维新……哪次变法图强不是要冲破旧势力的阻挠，或流血牺牲？

民族魂，就是创新魂。 古有毕昇发明活字印刷，今有王选计算机照排；古有指南针、造纸术、火药、浑天仪、地动仪的发明，今有神舟号的相继飞天……哪个不是中华民族的智慧结晶？

自古以来，多少仁人志士为了维护人格的尊严和民族气节，以生命为代价！留下了"玉可碎不可污其白，竹可断不可毁其节"的称颂；有多少英雄豪杰，为理想和事业奋斗，面对死亡的威胁，大义凛然；有多少爱国壮士面对侵犯祖国的列强，挺身而出而献出生命。

伟大的中华民族孕育了五千年的辉煌，五千年的历史留下了璀璨的中华文明。

中国人的血脉流淌着顽强不屈的精神！我们的先辈用血汗和生命铸就了不朽的中华民族魂！换得如今中华大地的一片祥和安宁，换得我们现在的幸福生活。如今，我们要实现习近平主席提出的中国梦，依然需要我们秉承祖辈留下的这种"民族魂"。

青少年是国家的希望，亦是民族的未来。因此，爱国主义教育和励志图强教育要从青少年开始。为了增强对青少年的民族精魂和志向教育，我们精心编写了本套丛书——《民族之魂》丛书。

本套丛书将我国有史以来体现民族精神和民族魂的典型事迹，以通俗易懂的语言故事形式展现出来，适合青少年的阅读水平和欣赏角度。书中提供的人物和事件等故事，涉及社会的各个方面，有利于青少年学习和理

解，使读者能全方位地领悟中华民族精神。

为了帮助读者更好地理解和吸收故事的精神，编者在每篇故事后还给出了"心灵感悟"，旨在使故事更能贴近现实社会，让读者结合自身的需要学习领会，引发读者更深入的思考。

希望读者们可以从本套图书中获得教益，通过阅读，真正体会到中华民族之魂所在，同时能汲取其精华，不断提升自己各方面的素质和品格，为祖国新时代的建设和发展做出努力。

全套丛书分类编排，内容详尽，风格独具，是广大读者尤其是青少年爱国励志教育的优秀阅读材料。相信本套丛书一定可以成为青少年朋友的良师益友。

导言

　　友谊是人际关系的一个重要方面，崇礼义、笃情谊，是中华民族的传统美德。自古以来，中国人就十分重视这种人际关系的伦理价值。孔子曾说："有朋自远方来，不亦乐乎！"曾子每天以三件事反省自己，其中之一就是"与朋友交而不信乎"。孟子更是把朋友关系列入"五伦"。在古人看来，一个人是否重视朋友之伦，如何择友、交友，既是衡量他人生态度、道德面貌的一个重要标尺，又是一个关系着他增益知识才干、修养德性的实际锻炼过程。人生在世，不能无友。重视朋友关系，强调以德交友，以友进德，就是这种优良传统在人际关系上的重要体现之一。它代代相传，成为中华民族的一种重要美德。朋友之间的亲密关系和情谊，既是个人事业成功、生活幸福的一个重要因素，也是关系到人伦和谐、国家安定、社会稳定的一个重要方面。

　　然而，现代人的择友观却有些混乱，在这个凡事必讲利益的社会，真挚的友情越来越少。大家似乎都处在一种相互利用的关系中，甚至有人调侃"朋友就是用来出卖的"。这种论调不仅让人大跌眼镜，也引发了编者的深思。难道这个社会真的不再有真挚的友谊了吗？

　　其实不然，只要用心经营，诚恳待人，每个人都会收获友情！任何

1

情感都是需要经营的,友情也是。友谊之树需要经常浇灌,才能万古长青。

在本书中,我们择选了被后人称颂的诸多体现人与人之间真实友情的故事,古有管鲍之交,有左羊之交,有朱熹与陆九渊的论敌相亲……今有不顾个人安危而愿与知己同赴牢狱的邹容,有何香凝与宋庆龄的菊石之谊,有陈赓和宋希濂的同窗之情,还有不计前嫌,为国共合作奔走效劳的周恩来与张冲……

本书所表现的友谊都是最真挚的友谊。故事中的主人公在朋友危难的时刻,都是不顾个人安危,挺身相救。或与知己同赴图圄,或为朋友出生入死,或倾囊资助,或竭力相救,或志同道合,或论敌相亲。对待朋友,在一起时要依据道义相互择善,远离时要扬其善名;快乐时要与其共享,患难时则要共其生死。他们所体现的正是一种朋友之间同呼吸、共命运的亲密关系,是一种急人之所急、舍己为人的牺牲精神,有了这种关系和精神,朋友之间就可以超越贵贱之分的界限,摆脱势利之争的侵扰,不顾穷达殊时的差别,升华到以德交友、以友进德的更高境界。

在构建和谐社会的理念中,与人为友、友善待人,不仅是人与人之间关系和谐的前提,更是构建中华民族新时期、新道德的重要组成部分。

目录 CONTENTS

第一篇　患难之交
- 2　左伯桃舍命助友
- 7　知己入狱读《尚书》
- 10　患难与共兴汉室
- 14　荀巨伯探友驱强盗
- 17　刘禹锡与柳宗元的情谊

第二篇　你帮我助
- 24　两代世交之谊
- 28　李勉对友肝胆相照
- 32　王缙为友顶罪名
- 35　朱晖替友教子
- 39　王维助韩干成名家
- 42　顾贞观撰词救友
- 47　鲁迅携手郁达夫

第三篇　知音难觅
- 52　李白杜甫以诗论友
- 58　魏万千里寻李白
- 62　寄茶品茗连情谊
- 66　以戏结友识友

民族之魂
MINZUZHIHUN

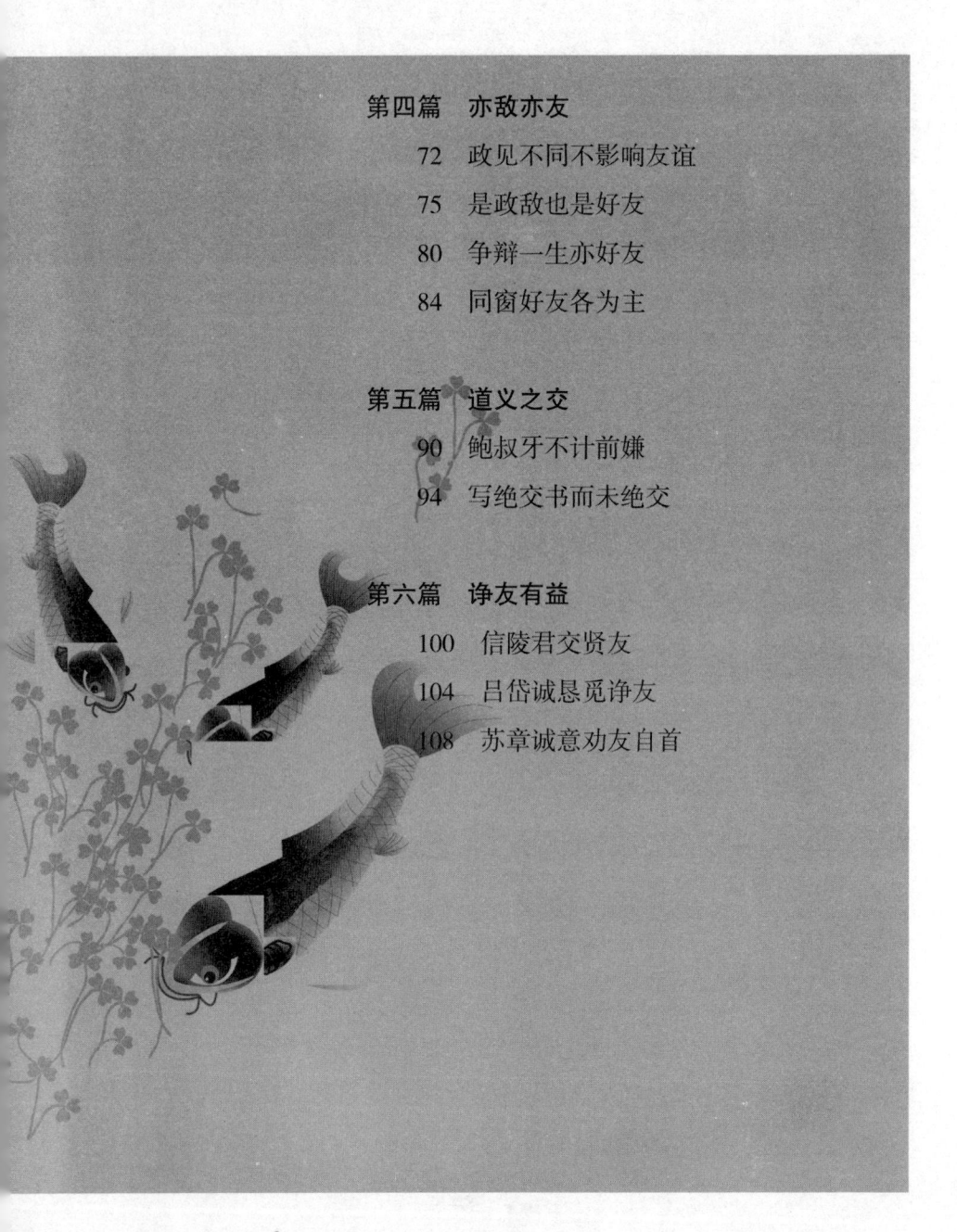

第四篇　亦敌亦友
72　政见不同不影响友谊
75　是政敌也是好友
80　争辩一生亦好友
84　同窗好友各为主

第五篇　道义之交
90　鲍叔牙不计前嫌
94　写绝交书而未绝交

第六篇　诤友有益
100　信陵君交贤友
104　吕岱诚恳觅诤友
108　苏章诚意劝友自首

第一篇

患难之交

左伯桃舍命助友

> 左伯桃(生卒年不详),战国末年燕地人(另有春秋时人、汉初时人之说),因其与羊角哀之间的感人故事而为大家所知。

羊角哀是个孤儿,从小就流落江湖,30年间足迹踏遍各诸侯国。但羊角哀聪明好学,因而他一面求师访友,一面刻苦自学,博览群书,满腹才华。后来,羊角哀从北方南下,来到楚国,看到这里风土人情都很好,就定居在荆门西南90里的诸村里合河口,在这里搭起简陋的庐舍,开垦田园,自耕自食。

这时,羊角哀听说楚文王(公元前689—前677年在位)很器重德才兼优的人,正在招贤纳士,就打算前去应招,施展自己的才华,好好干一番事业,实现自己生平的抱负,但又不敢贸然前去投奔,就一直在观望。

在西羌的积石山上也有一个相当有名气的贤士,叫左伯桃,也是从小失去父亲,自己奋发攻读,很有学问。他听说楚文王广开贤路招纳天下贤士,便离家前往楚国的都城。路上雨雪交加,十分艰苦,当他冒雨来到荆门时,全身都湿透了,便找到一间茅屋,上前叫门。主人见这位

不速之客被雨水淋得落汤鸡似的，连忙把他让进屋，并热情款待。左伯桃非常感激，便对主人说："小生左伯桃路过荆门前往楚都，遇到这场雨雪，幸好有机会进来躲避。但不知在府上打扰一宿，明日继续赶路，能行吗？"这个茅舍的主人不是别人，正是羊角哀。

羊角哀告诉左伯桃，自己自幼父母双亡，孤独地居住在这里，没有亲眷。他又对左伯桃说，自己平生酷爱读书，尤其是乐于交朋友，磋商学问。"兄长光临寒舍，我感觉高兴和荣幸！"左伯桃见羊角哀待人诚恳、殷勤，又听他谈吐不俗，十分敬佩，心想：人说"白屋出公卿"，这话一点不假。于是便说："这次旅途被雨雪困住，承蒙仁兄厚意相待，真是一辈子也忘不了。"羊角哀说："小弟家道贫寒，经常揭不开锅，没有什么好款待，惭愧得很。"他好不容易弄了一餐便饭招待左伯桃。

左羊两人志趣相投，一见如故，当晚同榻抵足而眠，谈古论今，十分投机，直到天明。两人彼此都很钦佩对方的渊博学识，大有相见恨晚的感慨，便结为兄弟。左伯桃比羊角哀年纪大5岁，被认做兄长。

两人相处三日后，雨雪暂停，左伯桃就对羊角哀说："贤弟有辅助王者治国的真才实学，不出去干一番事业，却守在田园，真是埋没了，多么可惜！"羊角哀说："我何尝不这样想呢？只不过是未遇上机缘罢了。"左伯桃说："如今楚文王到处求贤访能，我们兄弟二人为什么不一同前去看看呢？"羊角哀听了，正合自己的心意，便打定主意，收拾好行装，带上所有的存粮，撇下茅屋，和左伯桃一同上路了。

谁知走了不到两日工夫，碰上了滂沱大雨，两人只好找店住宿。这样一住就是几天，雨还在下着，一点晴天的意思都没有，所带的盘缠也已花得差不多了。无奈之下，两人只好一同离开客店，冒着雨继续走。才走出店家不远，一场鹅毛大雪又下个不停，狂风怒吼，两人衣裳单薄，口粮也不多了，怎能抵御这彻骨的寒风？左伯桃实在顶不住了，就对羊角哀说："像这样数九寒天，缺衣少食，又冻又饿，路途还远着，两人互相拖累，怎么能活着到达楚的都城呢？不如贤弟带上剩余干粮，添上我穿的全部衣裳，快快赶路，撇下我一人，不要为我操心。我虽然冻死饿死在半途，总比两人迟早死在路上好。你学识比我强，到了楚都，楚王必然重用你。等你有了成就，再来收殓我的遗骸并不算迟。"羊角哀哪里肯听，对左伯桃说："你我情同手足，我怎么能忍心抛下仁兄一人前往呢？"

羊角哀好不容易劝住了左伯桃，左伯桃又勉强陪同羊角哀走了约莫十来里，只见路旁有棵朽空了的老桑树，树干的空洞可以容下一人。左伯桃心想，像这样下去，贤弟怎么肯单独上路？于是打定主意舍命存知己，便对羊角哀说："似这般严寒，又累又饿，看来咱俩还是暂时躲一下风雪，歇息一番，方好继续赶路。"说完便装着避寒的样子钻入树洞，对羊角哀说："贤弟赶快去弄些枯枝败叶回来生个火取暖。"羊角哀答应着，便离开老桑树，去弄柴枝。等他抱回柴枝后，只见树洞跟前堆放着一堆衣服和剩下的全部干粮。

原来，羊角哀前脚一走，左伯桃就立即脱下自己身上的所有衣服，冻得话也说不出，只剩下一口气了。羊角哀扔下柴草，慌忙跑入树洞，找到左伯桃后，紧紧搂住他冻僵了的身体，心疼地喊道："兄长为何如此这般短见识呢，这叫小弟怎么受得了！"左伯桃微睁双眼说："我早已盘算好的，贤弟可千万不要再耽误前程了。赶快穿上我放在树下的衣服，暖好身子，带上剩下的干粮，前去楚都实现你的抱负吧！"羊角哀抱住左伯桃，跪在跟前，放声哭道："仁兄不去，小弟也决不忍独自偷生！但望仁兄快穿好衣服，我扶你一同上路。"左伯桃坚定地说："要是我们兄弟两人一同冻死在前面的路上，有谁来收我们的尸骨呢？

咱们要是让父母赐给我们身体抛露在荒原野岭，还有比这更不孝的吗？"羊角哀说："我宁可一死也决不能撇下兄长！"两人争持了好半天，左伯桃体力已消耗完，断了气。羊角哀只得痛哭一场，心想，我如再这样白白死去，有什么益处呢？不如立即赶路，到了楚都见了楚王再说。

两天后，羊角哀终于拖着疲惫的身躯赶到了楚的都城郢。楚文王非常高兴地接见了羊角哀，向他询问安邦定国的策略，羊角哀都对答如流，畅谈了自己的见解，并向楚王列举了十条富国强兵的计策，这些策略都是当时楚国争霸所急需实行的。楚王深深地折服于羊角哀的真知灼见，立即封他为楚国的上大夫，赐给他黄金百两、绢百匹。

羊角哀向楚王奏明了左伯桃在风雪途中解衣舍身成全自己的大义行为和高尚风格，并告诉楚王，如果没有左伯桃的舍己相救，自己也不可能当上楚国的上大夫。楚王被左伯桃对羊角哀的深情厚谊深深感动，便派了大将，备了车马，陪同羊角哀前往桑树所在地，用楚国大夫的礼制仪式隆重地殓葬了左伯桃。看到冻僵在桑树洞里的左伯桃尸体面色如生，羊角哀抚着尸体哀痛得死去活来。等到丧事办完，祭奠完毕后，羊角哀也不愿再接受任何高官厚禄了，最终上吊自杀，以一死报答舍生为己的左伯桃。

故事感悟

在危难之时，左伯桃和羊角哀都设身处地地为对方着想，甚至舍弃生命也要帮助对方。他们都想把生的希望留给对方，自己宁愿选择死，这才是真正的朋友。比起那些一事当前只为自己打算，不顾别人死活的人，他们活得是多么充实、多么有意义呀！这种舍己为友的精神值得千古传颂。

史海撷英

召陵之盟

召陵之盟又称召陵之会，是春秋时期以齐国为首的中原诸侯国与楚国之间所进行的会盟。

春秋初期，楚国向中原挺进。公元前656年，齐桓公借自己的妾室蔡姬被蔡国嫁到楚国这件事，率领中原诸侯齐国以及宋国、陈国、卫国、郑国、许国、鲁国、曹国和邾国八国，一同讨伐蔡国。

蔡国向楚成王求助，楚成王便出兵援助，齐楚两国在召陵（今河南省漯河市召陵区）会盟，最后双方达成协议。齐桓公虽然没有以武力压服楚国，但还是抑制了楚国北扩，从而使自己的霸主地位更加稳固。

文苑拾萃

咏羊·左

（明）李东阳

山深雪寒路坎坷，两死何如一生可？
桃才自信不如哀，君若有功何必我？
楚王好士午燕才，燕家未筑黄金台。
当里同室何为哉？吁嗟乎！
树中饿死安足戚？何似西北采薇食！

知己入狱读《尚书》

夏侯胜（生卒年不详），字长公。宁阳侯国人（今山东宁阳）。西汉著名学者，西汉今文尚书学"大夏侯学"的开创者，汉武帝时均立为博士。夏侯胜的做人准则是：为国要忠，为民要仁，为事要义。他上不奉下不欺，崇尚正派；他刚直，厌恶邪道歪理。

公元前72年，汉宣帝刘询提议要为汉武帝创庙乐，以颂扬武帝功德，同时也为自己扬名，于是诏告丞相、御史、诸侯等文武百官，商议建造武帝庙事宜。当时众官齐口称赞，有的还美言至甚，唯独夏侯胜听了感到不妥，他说："孝武皇帝虽然有抵御四方强敌、扩大疆土的功绩，但是在战争中也有很多战士阵亡了，耗尽了国家的人力物力，使百姓流离失所，至今逃亡在外的流民还没有安顿下来。等到疆土稳定，孝武皇帝又封禅、祀神、求仙，挥霍无度，他对人民没有什么恩惠，不应该给他设立祭祀的音乐。"

话音未落，大臣们都纷纷向夏侯胜发难："夏侯胜对皇上的旨令妄加评论，对先帝肆意诋毁，实属大逆不道，应予治罪！"夏侯胜面对这群弄臣说："作为臣子，应当勇说真话，而不是敬畏君主，完全顺应。

拿着俸禄就应当为君主谋划长远计划。人不是圣贤,哪能没有过错呢?"夏侯胜接着又说:"如果做臣子的看到君主有失而不直言,以小错铸大过,使庶民心散,让社稷危如累卵,怎么办?"但是丞相兼御史大夫广明力劾奏夏侯胜非议诏书,诋毁先帝之罪。夏侯胜威严正词道:"直言不讳是君子之行,随声附和乃是小人的作为。我的话已经说明白了,即使死也无憾了。"

这时,丞相长史黄霸挺身而出。尽管黄霸平时与夏侯胜很少往来,但今天听了夏侯胜的铮铮之言,看到了他的凛然正气,十分敬佩,立时将他视为知己,便上前和夏侯胜站在一起,拉着他的手说:"先生也道出了我的心思,我愿与知己者共同赴死!"顿时,两人大有相知恨晚之感。

最终,夏侯胜没能阻止住创庙乐,还因犯诋毁罪被抓进了监牢,黄霸也因纵容罪入了狱。在狱中,他们谈国事,肝胆相照;议家事,志趣相投。黄霸想向夏侯胜学《尚书》,夏侯胜认为早晚要赴死,拒绝了他。黄霸说:"早晨知道了真理,晚上死也就没有遗憾了。"夏侯胜非常钦佩他的观点,便答应了他的请求。

寒来暑往,两个春秋过去了,他们对《尚书》的研究也越来越深入。后来,宣帝下令释放两人。夏侯胜恢复谏大夫职位后,命令左冯翊宋畸推举黄霸为贤良。后来又向皇上推荐黄霸,皇上便任命黄霸为扬州刺史。过了三年,宣帝下诏,升黄霸为颍川太守。

■故事感悟

真正的朋友是在对方有危难之时勇敢地站出来,与对方同甘共苦。在群臣都落井下石之时,黄霸挺身而出,愿与夏侯胜同受牢狱之苦。夏侯胜在复官后也极力举荐黄霸,可见其友情至深至真。

史海撷英

只做了27天的皇帝

公元前74年的六月五日,汉昭帝驾崩,享年21岁。因汉昭帝无子,七月十八日,大将军霍光等人便迎立昌邑王刘贺继位。刘贺在即位的27天内,就干了1127件荒唐事,平均一天40件。最后,霍光以其不堪重任为由,突然发动政变,与大臣奏请14岁的皇太后(霍光的外孙女汉昭帝皇后上官氏)下诏,于八月十四日废黜了刘贺,并亲自送他回到封地昌邑,削去王号,给他食邑2000户。同年,霍光尊立卫太子唯一的遗孙、18岁的刘询为帝,是为汉宣帝。公元前63年,刘贺又被贬到了今天的江西省永修县一带做了"海昏侯"。

文苑拾萃

《尚书》

《尚书》是我国最古老的一部官方史书,也是我国第一部上古历史文件和部分追述古代事迹著作的汇编,它保存了商周尤其是西周初期的一些重要史学资料。相传《尚书》由孔子编撰而成,但有些篇目则是后来儒家补充进去的。西汉初期,《尚书》存有28篇。由于是用汉代通行的文字隶书抄写的,因而又被称为《今文尚书》。

患难与共兴汉室

王霸(？-59)，字元伯。颍川颍阳(今河南许昌西)人。嗜好文法，早年为狱吏，慷慨有大志。后游学长安，不久追随刘秀，在昆阳击破王寻、王邑，被封为王乡侯。建武二年(26年)，改封为富波侯。建武六年(30年)，屯田新安。建武十三年(37年)，改封为向侯。永平二年(59年)因病去世。

东汉光武帝刘秀，字文叔，先后推翻了王莽、刘玄后称帝。刘秀是一位名垂青史的圣明君主，在他的周围有许多忠心耿耿的臣子辅佐他，王霸就是其中的一位。王霸曾经几次出生入死地帮助刘秀复兴汉室，由此可见他们之间的深厚情谊。

西汉末年，外戚王莽篡权称帝，对百姓压榨盘剥，搜刮民脂民膏，搞得民不聊生，饥寒交迫。为此，各地都纷纷揭竿而起，发兵起义。公元22年，汉朝宗室刘秀在宛县起兵响应绿林起义军。

当刘秀率领起义军路过颍阳时，当地人王霸召集了一些朋友毅然加入队伍。刘秀热情地接纳了他们，随后转战各地。刘秀足智多谋，英雄大度，屡战屡胜。王霸随军参战，英勇杀敌，立下了赫赫战功。不久，

王霸因父亲老弱多病，便辞别刘秀回家侍奉父亲。临别时，刘秀送与王霸许多金银，并嘱咐他安心在家侍奉父亲。刘秀送了王霸一段路程，两人洒泪而别。

后来，刘秀带领大军赶赴洛阳，中途路过颍阳，便亲自去看望王霸。王霸深受感动，他请求父亲让他跟随刘秀离家出征。父亲说："既然刘将军如此仁义重情，如此器重你，你就应知恩图报，去吧。参与国家大事，好好地辅佐刘将军，不要半途而废！"

那时，刘秀还不是起义军的最高统帅，被起义军拥为更始皇帝的刘玄，对足智多谋、能征善战的刘秀十分猜疑。刘秀为了躲过杀身之祸，保存实力，便请求刘玄让他到河北去招抚各州郡的义军，刘玄答应了。

风云变幻，前途险恶。那时，更始皇帝的权力还没到河北，刘秀此去凶吉未卜，成败难测，但王霸始终跟随着刘秀。虽然长途跋涉，人困马乏，十分劳苦疲惫，王霸从未动摇自己的意志，始终忠心耿耿地追护刘秀。然而，也有不少的随从人员担心刘秀成不了大事，而且受不了艰苦，半路上纷纷离开刘秀，不辞而别。

走掉的人越来越多，人马逐渐稀少。渡过黄河以后，刘秀环顾四周，见身边只剩下王霸和少数几个亲兵，寥寥几人而已。刘秀久久地凝望着涛涛不息的黄河水，凝望着连绵不断的远山，思绪万千，感慨万分。过了许久，他才转过身来，拍着王霸的肩头说道："从颍川出来跟随我的人，只剩你一个了，真是疾风知劲草啊！"云天寥廓，秋风萧瑟，刘秀随口吟道："风萧萧兮易水寒，壮士一去兮不复还。"王霸忙说："将军，您还有希望。我们不能气馁，只要将军坚持下去，兴复汉室指日可待！"在王霸的劝说和激励下，刘秀信心大增，便继续催马加鞭向前赶去。

刘秀到达蓟县，还没有站稳脚跟，就听说盘踞在邯郸的王郎正在派兵捉拿他，军兵已经到了附近。刘秀连夜仓促南逃。一路上，王霸尽心竭力地保护刘秀，最终帮助刘秀脱离了险境。后来，王霸又亲自带领军士讨平了王郎。

经过几年的征战拼搏，刘秀终于做了皇帝，成为东汉的开国君主，但他仍然不忘王霸的忠心和才智，更加信任他了。公元33年，王霸被任命为上谷太守。王霸也始终不忘刘秀对他的友爱之情和知遇之恩，倍加努力，孜孜不倦，恪尽职守。王霸还亲自同士兵们垒土堆石，治隘口，筑亭障，并且冲锋陷阵，身经百战，为巩固和保卫东汉王朝做出了卓越的贡献。

◼故事感悟

路遥知马力，日久见人心。刘秀与王霸之间有的不仅是君臣情，更有朋友谊。无论刘秀处在什么时期、遇到什么困难，王霸始终不离不弃，就算至亲兄弟也未必能做到！

◼史海撷英

建武盛世

刘秀登上皇位后，勤于政事，"每旦视朝，日仄乃罢，数引公卿郎将议论经理，夜分乃寐"。在位期间，刘秀还多次下诏释放奴婢，并禁止残害奴婢。

为了减少贫民卖身为奴婢，刘秀还经常向百姓发放救济粮，减少百姓的徭役，同时积极兴修水利，发展农业生产。

刘秀统治期间，国家兴旺，百姓安居乐业，因此历史上称这段时期为光武中兴。因其间国势昌隆，故又号称"建武盛世"。

■文苑拾萃

谒汉世祖庙

(唐)刘希夷

春陵气初发,渐台首未传。
列营百万众,持国十八年。
运开朱旗后,道合赤符先。
宛城剑鸣匣,昆阳镝应弦。
犷兽血涂地,巨人声沸天。
长驱过北赵,短兵出南燕。
太守迎门外,王郎死道边。
升坛九城陌,端拱千秋年。
朝廷方雀跃,剑珮几联翩。
至德刑四海,神仪瘗九泉。
宗子行旧邑,恭闻清庙篇。
君容穆而圣,臣像俨犹贤。
攒木承危柱,疏萝挂朽椽。
祠庭巢鸟啄,祭器网虫缘。
怀古江山在,惟新历数迁。
空馀今夜月,长似旧时悬。

荀巨伯探友驱强盗

> 荀巨伯（生卒年不详），汉桓帝时颍川（今河南省中部及南部一带）人，以《荀巨伯探友》典故留名后世。

东汉时期，匈奴等少数民族经常进犯边境，时有攻陷边郡的事情发生。荀巨伯是汉桓帝时人，他一向恪守信义，笃于友情，朋友很多。荀巨伯的一个朋友住在边郡，重病之中很想和他见上一面。荀巨伯得知消息后，立刻动身去看望他。多日长途跋涉后，荀巨伯来到了朋友居住的地方，不巧，正赶上少数民族部队正在攻打郡城。荀巨伯机警地进入城中，发现城中百姓已逃避一空，可以说是家家门窗紧闭，街上了无行人，但荀巨伯还是推开了朋友家的门。

朋友家中萧索冷清，除了重病卧床的朋友外，已无他人。卧病在床的朋友见到不辞劳苦远来探望的荀巨伯十分激动，着急地说："郡城已不可保，我本来是个要死的人，现在更不可能有活着的希望了，你就不要管我了，赶快走吧。"荀巨伯却坚定地说："我不远千里来看望你，你却让我马上就走，虽然这是你对我的关怀和爱护，但在危难关头舍弃朋友而独自逃生，这是我荀巨伯能干的事吗？"荀巨伯坚决留下来，细心照料病中的朋友。

患难知心

少数民族的士兵攻下了郡城，逐屋搜索。一队士兵闯进友人家，惊奇地发现屋中还有两个人——荀巨伯和他卧病的朋友。按照当时边境战争的规律，少数民族武装进入内地的主要目的是抢夺财物，掳获妇女儿童，对成年男子基本都是采取就地杀死或俘虏回去充当奴隶的办法，被捉住的人没有谁可以幸免。所以，一有战事，人们唯恐走避不及，绝对不会束手就擒。现在，城内居然有两个成年男子安然待在屋子里不逃避，实在出乎破城者的意料。

一个士兵厉声问道："大兵临城，一郡的人都跑光了，你是个什么人？竟敢自己留下来不逃跑？！"荀臣伯不慌不忙地回答道："我的朋友卧病在床，我不忍心丢下他不管。我宁可用自己的生命换取朋友的生命，你们要杀就杀我，不要伤害他一个病人。"

听了荀巨伯的回答，这一队士兵互相看了看，商议道："我们是来抢夺财物的，本来就不占道义，是不义之人，现在却闯入了讲道义的国土，遇上了这样讲道义的人，真是惭愧呀！"于是将这个消息报告给统军之将。统军之将也很感动，传令全军不要搜捕百姓、抢夺财物了，迅速集合队伍，率军撤走。就这样，全郡的生命财产竟因此得以保全。

■故事感悟

《荀巨伯探友》是个著名的典故，故事的主人公荀巨伯对朋友舍生忘死的情谊被传为千古佳话。它不但成功地教育了后世之人，也对什么是朋友作出了最生动的诠释。

■史海撷英

东汉与匈奴之战

匈奴一直都是汉朝时期历代皇帝的一块心病。东汉章和二年（88年），窦宪请求出击匈奴。当时，匈奴分为南北两部，南匈奴亲汉，而北匈奴反汉。这时，恰好南匈奴请求汉朝出兵讨伐北匈奴，窦宪认为，这是打击匈奴的一个绝好机会。于是，汉廷任命窦宪为车骑将军，准备出击北匈奴。

窦宪随即命副校尉阎盘、司马耿夔等率精兵1万多人，在稽落山（今蒙古境内杭爱山）与北单于作战，最终打败北单于。随后，窦宪整军追击，共斩杀名王以下将士1.3万多人，俘获了大批的马、牛、羊、驼等牲畜。

由于北单于已经逃到远处，窦宪一面派司马吴汜、梁讽等人追寻北单于，企图招降他；一面又班师回国，驻扎五原。

当时，北匈奴已经人心离散，吴汜、梁讽所到之处，前后有万余人向汉廷投降。在北海西北的西海，梁讽追上了北单于，劝他归汉，以求保国安人。于是，北单于便率领他的部下向梁讽投降。这时，北单于听说汉朝的大军已经入塞，便派他的弟弟右温禺疑王跟随梁讽来到洛阳，向汉廷进贡。

然而，窦宪见北匈奴单于没有亲自到洛阳来，便认为他缺乏诚意，因此奏请朝廷遣归右温禺疑王，准备再次出征讨伐北单于。

东汉和帝永元二年（90年），汉廷遣还了北单于的弟弟，北单于又派车带着储王等人亲自前来拜见窦宪，并请求向汉称臣。窦宪向朝廷请示后，就派班固、梁讽等人前往迎接北单于一行人。

这时，南单于上书汉廷，建议乘机消灭北单于，然后南北匈奴合并归汉，汉廷同意。最终南单于大败北单于，北单于重伤后逃走。

此时窦宪认为，北单于已经势力微弱，应该趁机彻底消灭。因此，永元三年（91年），窦宪又一次率兵出塞，在金微山大败北单于。北单于再次逃遁，北匈奴国也至此灭亡。

刘禹锡与柳宗元的情谊

> 刘禹锡(772—842),字梦得,汉族,洛阳(今河南省洛阳市)人。唐朝文学家、哲学家。自称是汉中山靖王后裔,曾任监察御史,是王叔文政治改革集团中的一员,后来永贞革新失败,被贬为朗州司马(今湖南常德)。刘禹锡是唐代中晚期的著名诗人,有"诗豪"之称。
>
> 柳宗元(773—819),字子厚。唐代河东郡(今山西省永济市)人。唐代著名文学家、思想家,唐宋八大家之一。著名作品有《永州八记》等600多篇文章,经后人辑为30卷,名为《柳河东集》。因为他是河东人,人称柳河东,又因终于柳州刺史任上,又称柳柳州。与韩愈同为中唐古文运动的领导人物,并称"韩柳"。

柳宗元是我国唐朝时期著名的文学家,被列为"唐宋八大家"之一。柳宗元一生中创作过许多脍炙人口的文学作品,至今还在流传,对后代人产生了很大的影响。柳宗元心地善良,十分关心百姓的困难,他的诗歌、散文大都反映民间疾苦,希望通过文字使统治者有所触动而改变人民穷苦的生活,故而文章中也体现了他忧国忧民的思想。

唐顺宗时，王叔文、王伾主持朝政，起用了刘禹锡、柳宗元等一批有才能的官员，实行革新，沉重地打击了宦官们为非作歹的嚣张气焰。

然而唐宪宗即位后听信宦官们的谗言，把王叔文、王伾和刘禹锡、柳宗元等人一律降职，贬到了边远的地方。

刘禹锡和柳宗元都是著名的文学家。刘禹锡善于写诗，柳宗元擅长散文，两个人是很要好的朋友。被贬官之后，他们并不像一般人一样想不开。他们相信自己的作为是正直的，失败了也不必那么懊丧，因此到了地方上，除了处理公事以外，常常借写诗和散文抒发自己的政治抱负，反映一些人民的疾苦。两人在边疆一住就是10年，日子一久，朝廷里有些大臣想起他们，觉得放在边远地区太可惜了，于是奏请宪宗把他们调回了长安。

可是，他们俩又少不了要写些诗文揭露权贵的贪婪骄逸。刘禹锡在回到长安后，邀请诗友共赏桃花，看着满树争奇斗艳的桃花，不禁触景生情，于是写下了《戏赠看花诸君子》：

紫陌红尘拂面来，无人不道看花回。
玄都观里桃千树，尽是刘郎去后栽。

这些艳丽茂盛的桃树都是在他们被贬后新栽的，这就像如今长安街头的新贵们，都是在排挤革新志士之后才得势的，金印紫绶，炙手可热。

没想到，刘禹锡的这首诗又惹下了麻烦。这首诗一经传出，立即触动了那些守旧者敏感而脆弱的神经，于是诋谤风起。他们纷纷

向皇上进谗言,此诗也成为刘禹锡"无悔过之心"的罪证。于是,昏庸的宪宗又把刘禹锡贬到更偏僻的播州,也就是今天的贵州遵义当刺史,把柳宗元派到广西柳州当刺史。这就是当时轰动一时的"桃花诗案"。

那时的交通十分不便,从长安到播州如此遥远的地方,坐马车要走上相当长的时间不说,途中的颠簸只怕是正常人都很难吃得消,更何况播州既偏僻又荒凉,自然环境相当恶劣。刘禹锡家里有个老母亲,已经80多岁了,如果跟着刘禹锡一起前往播州,怎么受得了长途跋涉之苦?可如果丢下老母,只怕千里迢迢,今生今世再也见不到面了。命令一下达,可把刘禹锡难住了!

柳宗元得知刘禹锡的困难后,心里很不是滋味,他决心要帮助自己的朋友。他连夜秉烛赶写了一道奏章,请求把他派到播州,让刘禹锡留在柳州。这样,不管怎么说,也能让刘禹锡一家少赶些路。而且,他还在奏章上写明,家里并没有老人需要奉养,自己身体还算强健,愿意到更为荒僻的播州去。

柳宗元对待朋友的一番真情使许多人都深受感动。当时,有个大臣叫裴度,此人为人比较正派,也比较敢于讲话。他到宪宗面前陈述了刘禹锡家中的实际情况,总算使宪宗动了恻隐之心,同意改派刘禹锡到连州,也就是今天的广东连县当刺史。

不久后,两位生死之交再次结伴而行,沿着一个月前的进京路线又离开了长安。暮春三月,江山如画,但在这两位诗人眼里却是一片凄凉景色。在衡阳,两位知己必须分手,柳宗元走水路,刘禹锡走陆路。两人依依不舍,在湘江边上洒泪告别。临别前,柳宗元写下一首催人泪下的《重别梦得》:

二十年来万事同，今朝歧路各西东。

皇恩若许归田去，晚岁当为邻舍翁。

刘禹锡读后感慨万分，说："这20年来，我俩共同经历了宦海浮沉，同榜进士及第，又一起参与革新，先后两次远谪边地，都宁死不屈，就是不知这一分别什么时候才能重逢？"柳宗元鼓励他说："我俩都以文学名世，用诗文表达政见，叙写民生疾苦，主张唯物论，反对天命论。不管今后命运怎样，这些都不能放弃啊！"

两位挚友在湘江边相送。眼望江水滔滔，匆匆向北流去，而行者还得继续南行。远眺衡阳回雁峰，传说大雁到此就停留，不再南飞了，今后与北方的亲友也就无法鸿雁传书了。虽然相约晚年归隐结邻，但皇上仍然猜忌，守旧派仍掌握着朝廷，恐怕难以实现。家人们在一旁提醒时候不早了，催着赶路，两人才不得不分手道别。刘禹锡以诗记当时情景：

我马映林嘶，君帆转山灭。

马嘶循故道，帆灭如流电。

两人都有预感，这一次也许就是永别。

到了贬地之后，两人都努力尽责，留下了后人赞颂的种种德政。不幸的是，刘禹锡的老母不久就因病去世，其间柳宗元多次遣人问安。刘禹锡也担心友人郁郁寡欢，劝他保重身体。几年后，柳宗元长逝于柳州，临终前以后事相托，刘禹锡遵嘱，请韩愈为柳宗元写了墓志，将亡友灵柩葬于长安万年县柳氏墓地，整理了《柳河东文集》，还将自己朋友的遗孤抚养成人。

以后，刘禹锡又被调动了好几个地方。过了14年，直到裴度当了宰相，他才被调回长安。

■故事感悟

柳宗元与刘禹锡的命运正如诗中所说"二十年来万事同"，在同被贬谪的遭遇里，柳宗元设身处地为朋友着想，让人感动，然而命运造化却让这对生死至交未能实现"邻舍翁"的愿望。

■史海撷英

柳宗元治柳州

唐顺宗在做太子期间，不仅暗中十分关注朝政，身边还形成了一股政治势力，组成了一个以"二王"为中心的东宫政治小集团。

在这个小集团中，以王伾和王叔文为集团的核心。在他们周围，还有一批年富力强的拥有共同政治理想和政治目标的成员。这些成员当时都是一些知名人士，其中最著名的就是刘禹锡和柳宗元。

另外，集团中还包括王叔文的旧相识凌准、善于筹划的韩泰、英俊多才的韩晔（宰相韩滉同族子弟）、精于吏治的程异，以及陈谏、陆质、吕温、李景俭、房启等人。这些人基本上都属于朝廷御史台和六部衙门的中下层官员，他们经常聚在一起谈论国家大事，并逐渐成为这一集团的重要人物。

对于这些人员，历史上习惯以所谓"二王刘柳"相称，也就是把王伾、王叔文以及刘禹锡和柳宗元作为东宫集团的代表人物。

文苑拾萃

陋室铭

刘禹锡

山不在高,有仙则名。
水不在深,有龙则灵。
斯是陋室,惟吾德馨。
苔痕上阶绿,草色入帘青。
谈笑有鸿儒,往来无白丁。
可以调素琴,阅金经。
无丝竹之乱耳,无案牍之劳形。
南阳诸葛庐,西蜀子云亭。
孔子云:"何陋之有?"

第二篇
你帮我助

两代世交之谊

> 伍举（生卒年不详），春秋时楚国人，伍子胥的祖父，伍奢之父。伍举因避祸到了晋国，后来蔡声子于令尹子木处荐贤，始得返楚复仕。楚灵王三年（公元前538年）伍举出使晋国，请诸侯与楚会盟。结盟后，伍举告诫灵王不要骄奢淫逸。伍举因功德著称于楚。

春秋时代，楚国的伍参和蔡国的子朝是很好的朋友。两家之间交往也很密切，伍参的儿子伍举和子朝的儿子声子从小相识，两代世交，结成了深厚的友谊。

伍举长大后，娶王子牟的女儿为妻。后来，王子牟因犯法而获罪，逃亡到国外去了。这件事也株连了伍举，伍举也被迫逃往国外。当时他觉得晋国很安全，于是便夜以继日地赶路去投奔晋国。

一天拂晓，伍举很早便动身出发了。当他路过新郑郊外时，忽然听到背后有人叫他。回头一看，不禁又惊又喜，原来叫他的人是声子。这两位多年不见的好朋友，竟会在异国的土地上相逢，彼此都感到十分欣喜。

于是，两人就折下路边的荆条铺在地上，相对而坐，还拿出干粮来

边吃边谈。伍举百感交集，想起许多过去的往事，而如今却有家不能回，流浪在外。想到这些，他不禁眼圈红了。声子便问他："兄长，你怎么到这儿来了？"伍举听到这句问话，泪水涌出，便将自己不幸的遭遇告诉了声子。他哭着说："岳父的事情是对是错我都不了解，但我完全是无辜的。今天被迫离开楚国，不知道何年何月才能重返家园呢！"声子听了，也对朋友的遭遇深感同情，便安慰他说："兄长，你去吧，这次我也要到晋国去，正好我们同行。你先暂时在晋国住下来，我一定会尽最大的努力帮你重回楚国！现在，你应该振作精神，这样以后才能有更大的发展！"

当时，晋、楚两国为了争夺中原地区的霸权经常发生战争。在伍举投奔晋国后不久，声子被派到晋、楚两国去调节两国之间的关系。声子在晋国办完公事以后，就高兴地去看望伍举，并对他说："兄长，回国的时机快要到了，你耐心地等着我的好消息吧！"伍举紧紧握着声子的双手，感激得说不出话来，两行热泪不禁夺眶而出。

声子告别伍举后，来到了楚国。他始终把伍举的事放在心上，希望能寻找机会帮助伍举。

一天，令尹子木问声子："晋国的大夫中人才多不多？"声子听罢灵机一动，计上心来，便说："多得很呢！个个都是才华出众，楚国是根本比不上的。"子木又问："他们是怎么物色到的？"声子说："用不着物色，这些人都是自己从楚国跑过去的。"子木奇怪地问："楚国的人怎么肯为晋国所用呢？"声子说："楚国用刑太滥，有才能的贤人经常无辜获罪，所以都逃亡到晋国去了。"声子接着说："现在，楚国的贤大夫伍举就是被迫出走的，因为他的岳父王子牟犯了法，本来同他是毫不相干的，结果却遭到诬告冤枉。伍举无法申辩，只好逃亡到晋国去了。如果他假手晋国来报私仇，那么楚国就休想太平了。"

子木听罢，心里十分惊慌，马上请楚康王赦免伍举，并宣布增加他的爵禄，还派人到晋国去专程接他回来。伍举明白，这一切都是声子的功劳，只有声子的帮助，才使他终于回到了楚国。伍举对声子非常感激，他们的友谊也更加深厚了。

此后，他们两家世代亲近和睦，伍举和声子的友谊也被后世传为佳话。

■故事感悟

真正的友谊是在患难中形成并巩固的。人不能没有朋友，有了朋友更要互相理解、互相支持、荣辱与共。中华民族提倡的交友之道在伍举和声子身上得到了极好的体现，并为后世所光大发扬。

■史海撷英

弭兵之盟

弭兵之盟是春秋时期晋国与楚国平分霸权所签订的盟约。春秋后期，晋、楚两国的国内矛盾日益尖锐，皆有停止争霸、弭兵（休兵）的愿望。于是，宋国的执政华元、向戌便倡导诸侯弭兵，晋、楚两国也都同意了。

鲁成公十二年（公元前579年），华元约合晋、楚在宋国西门外相会订盟。盟约规定：晋、楚两国互不交兵，互通聘使，互救灾害，互相援助抗击侵略者。鲁襄公二十七年（公元前546年），向戌因与晋国的赵武、楚屈建皆友善，再次倡议弭兵之盟，得到了晋、楚、齐等国的响应。同年夏，晋、楚、齐、鲁、卫、陈、郑、蔡、许、曹、邾、滕和宋又在宋的东北门外相会订盟。这次的盟约规定：晋、楚公为霸主，余国分别向晋、楚进纳贡赋；秦、齐和晋、楚为对等大国，不向晋、楚纳贡，也不受贡赋。第二次弭兵之会后，中原诸侯间的战争日益减少。

■文苑拾萃

三足羊首鼎

　　三足羊首鼎为春秋时期的青铜炊器。整个鼎通高约11厘米，口径约10厘米，首尾长14厘米，重0.8公斤。现藏于安徽省寿县博物馆。

　　1976年，三足羊首鼎在安徽省寿县的一座春秋早期墓葬中出土。该鼎造型别致，且完好无损。与一般常见的鼎有所不同的是，该鼎作绵羊形，羊首高昂伸出器外，颈脯与鼎身连为一体，一对大卷角贴于耳畔，眼、鼻、口等器官也是清晰可见。器身作半球状，上有平面盖，子母口，正中有一弓形纽，前开豁口与羊颈部结合，尾扁宽呈矢头形，表面饰云雷纹。头尾前呼后应，和谐统一。该鼎的三足也是一反常规，三足都为扁形，作丁勾形外撇，风格洒脱别致。

　　三足羊首鼎小巧玲珑，减少了西周青铜文化的威严、华丽和繁杂的宗教性及等级性，增强了世俗文化的活泼和轻松。该鼎将平面图像和立体的雕塑完美地结合起来，将器皿和动物的形象也结合起来，可谓面貌一新，是一件颇具东南地方特色的成功代表作。有专家推测，三足羊首鼎可能是当地的方国遗存。它的发现，也使后人具体地看到了东南地区春秋时期青铜艺术的辉煌成就。

李勉对友肝胆相照

李勉（717—788），字玄卿。唐朝宗室，是郑王李元懿的曾孙，李择言的儿子。唐代中期名臣，平叛、御边皆有大功，忠于朝廷。

李勉是唐朝的宗室后代，曾担任过开封尉、刺史、节度观察使，最后还当过两年的宰相。他一生中最喜好的就是与有才干、有知识的人结交，而且每次交友他都能以诚相待，肝胆相照。

年轻时，由于家境贫穷，李勉在客居梁、宋等地读书时，曾和一名太学生同住在一个客栈内。两人的关系很好，平日里经常一起谈诗作赋。

一天，那个太学生突然得了急病，卧床不起。李勉看他的病情十分严重，非常着急，连忙给他请医生熬药，又给他端水端饭，无微不至地照顾那位太学生，不知道的还以为他们是亲兄弟呢！

太学生的病情不见好转，眼看快要不行了，他紧紧拉着李勉的手，没说话却先流泪了。最后，他哽咽地说："我家住在江西南昌，原来想到太原求得一官半职，想不到在这里得病将死，这是命中注

定的。你我朋友一场，没想到你对我这么好，这些银子你拿着。"说着就从布袋中拿出一百两银子交给李勉，又说："我的仆人不知道我有这些银子，您拿着它为我料理后事，剩余下来的都送给您。"说完，就咽气死了。

李勉忍着失去朋友的悲痛，遵照遗嘱给亡友举哀，买了棺木、衣衾等物，把他好好安葬了。但剩下的钱他却分文未动，而是全部放入亡友的棺中埋在地下了。不久，太学生的家属来找李勉，李勉便和他们一起去给亡友迁葬，同时取出埋在地下的银两交给他们，又拿了自己的银子赠与他们。太学生的家属感动得不知说什么才好，李勉却说："朋友一场，这是应该的！"

后来，李勉当了大官，结交了一位勤恳能干的密县县尉王晬，可是没多久，皇帝下诏要处死王晬。李勉认为自己的朋友王晬没有错处，便暗暗调查此事，了解到王晬是被人陷害。李勉便上奏皇帝请求赦免王晬，结果王晬被赦免，自己却被指控执行圣旨不力，被召回京师贬了官。

王晬被释放后，特来向李勉道谢，跪下就要给李勉磕头。李勉忙扶起王晬，说："何必如此，大家都是朋友，士为知己者死，我做的这又算得什么呢！"后来，他们的关系就更密切了。王晬也没有辜负李勉对自己寄予的厚望，上任龙门县令后，为官清正，声誉很好。

李勉在任节度使时，听说李巡、张参两人很有才学，便请他们进幕府任判官。这两人都是名士，李勉待他们始终彬彬有礼。三人互相以朋友相称，关系和睦。每有宴饮，李勉都邀请李巡、张参二人参加。

后来，李巡和张参都先后去世了，李勉仍然很怀念他们，宴请客人时也总是给他们空着座位，摆好酒杯和筷子，就像他们两人依然活着一样。即使在很欢乐的宴会上，李勉看到空座，也不免神色凄凉，回想起往日与两人的深挚友谊，想起两人对自己的帮助，心中充满了伤感和怀念之情。

李勉对朋友的情谊为众人所知，许多人也都以自己是李勉的朋友而自豪。

■故事感悟

俗话说，近朱者赤，近墨者黑。李勉以自己的风格和性格影响别人，同样从朋友那里收获了许多珍贵的东西。他对朋友肝胆相照，同样也换得了朋友的情谊和尊重。从李勉的身上，我们也看到了中华民族重视友谊、珍惜友情的传统美德。

■史海撷英

三省六部制

三省六部制是隋文帝创建的，目的在于分割和限制丞相的权力。其中，三省包括中书省、门下省和尚书省，六部包括吏部、礼部、兵部、度支（后改为户部）、都官（后改为刑部）和工部，每部各辖四司，共为二十四司。

到了唐朝时期，三省六部制已经十分完备了，各个部门的职责也十分明确，部门之间相互配合，又相互牵制；各种职官也都分工细密，职守分明。

三省之间的分工都很明确，其中，中书省主要制定政策，草拟诏敕；门下省审核复奏；尚书省颁发执行。如果中书省所拟诏敕有失当之处，门下省有权予以封驳，要求重拟。对于各部门所呈上的重要奏章，必须通过尚书省交门下省审议，门下省认可后，才可以送至中书省呈交皇帝批阅；如果认为有不当之处，可驳回修改。由于中书、门下二省的官署位于尚书省之北，所以二省也合称为"北省"，而尚书省则被称为"南省""南宫"。

■文苑拾萃

太学生

　　太学生是指在太学读书的生员，也是最高级的生员。明清时期，太学也是国子监的俗称。国子监是古代最高学府与教育行政管理机构，内设博士、典簿、典籍等厅，以分理各项具体事务；设率性、修道、诚心、正义、崇志、广业六堂，以供生徒听课、自修及习所；设祭酒、司业各一人为正副长官，其属有监丞、五经博士、六堂助教、学正、学录、典簿、典籍等学官掌教务。

　　太学生多是由省、府、州、县学生生员中选拔出来的，也有一些是由捐纳而得的。入监就学者还有贡生、监生之分，然而统统都被称为国子监生。监生肄业后，经见习后可得补官，后来科举盛行，出路也日益狭窄。捐例一行，挂名监生日多，赴京就学者日少，作用反而不如府、州、县学等。

王缮为友顶罪名

> 王缮（生卒年不详），宋朝潍州（今山东潍坊）人。一生致力于研究春秋三传，曾中进士，后调到沂州（今山东临沂）任录事参军。

宋朝时期的王缮在被调往沂州（今山东临沂）任录事参军期间，与一位任司户参军的鲁宗道相识，成为好友。鲁宗道家中人口多，又很贫穷，还经常领不到每月应得的俸禄，所以王缮经常接济他。

一次，鲁宗道家中有事急欲用钱，无奈，只好恳求王缮从俸钱中预支一些给他。由于鲁宗道平日里对部下管束极严，因此库吏怀恨在心，向州官告发了他私借俸钱的事，州官要将鲁宗道和王缮一并弹劾。王缮对鲁宗道说："你就把过错都推到我的身上，你自己不要承担责任。"鲁宗道不忍心这样做，他对王缮说："因为我家贫穷而向你私借俸钱，过错是由我引起的，你是无辜的，怎么能让你替我承担责任呢？"王缮开导他说："我这个人碌碌无为，是个胸无大志的平凡之人，我获罪没有关系。何况，把官钱私借给别人，这个过错也不至于到免职的地步。而你年轻有为，豪爽正直，是朝廷的栋梁之才，不要因承担这点小错而影响你的远大前程。况且，我们两人同时获罪，毫无意义。"王缮的一席话，表现了他处处为别人着想，宁肯牺牲自己，也要帮助别人的优秀品质。

在王缙的一再劝说和坚持下，终于帮鲁宗道开脱了罪责，而全由王缙独自承担罪责。事后，鲁宗道非常感动，但又惭愧得无地自容。王缙却一如既往，毫无怨言，但因此事王缙得到的是"沉困铨管二十余年"，一直未能得以提升官职。

到晚年时，因有人推荐，王缙才被召到吏部述职答对，状其功过，在他的奏章中提到了鲁宗道的姓名。这时的鲁宗道已经升了官，正侍立在宫内大殿中，仁宗皇帝问他："这里的鲁宗道是你吗？"鲁宗道就将此事原委细细讲给皇帝，仁宗皇帝感叹说："王缙真是位仁厚的长者啊！"

从此，王缙屡次得到提升，田园丰腴，子孙繁茂，晚年生活得很幸福。

故事感悟

朋友之间是不能计较个人得失的，王缙对鲁宗道就做到了这一点。这不但是对个人品德的考验，也是对无私友谊最好的注释。

史海撷英

鲁宗道刚正敢言

乾兴元年（1022年）二月甲寅，54岁的宋真宗赵恒病逝于延庆殿。此时，小皇帝赵祯只有12岁，因此，朝廷大事都由赵恒的皇后章献太后刘氏处理。

章献太后在执掌朝政后，有一次问鲁宗道："唐代的武后是个怎样的君主呢？"鲁宗道回答说："她是唐代的罪人，差点危害国家。"太后听后默不作声。

当时，有人请求在七庙中设立章献太后家族刘氏的牌位，太后就问辅臣们这样行不行，大家都不敢回答，而鲁宗道却直接不赞成这么做，他对太后说："如果在七庙中设立刘氏的牌位，那后代的君主怎么办？"

时任枢密使的曹利用依仗权势，骄横跋扈，而鲁宗道却刚正直言，多次在皇上面前叱责他，所以从贵戚到当权者都惧怕鲁宗道，把他看成是"鱼头参政"。

■文苑拾萃

交 子

交子是世界上最早使用的纸币，发行于北宋1023年的成都。

最初的交子，其实是一种存款的凭证。北宋初年，四川成都开始出现一种为不便携带巨款的商人经营现金保管业务的"交子铺户"。存款人只要把现金交付给铺户，铺户将存款的数额填写在用楮纸制作的纸卷上，再交给存款人，并收取一定的保管费。这种临时填写存款金额的楮纸券，就被称之为"交子"。

随着市场经济的发展，人们使用交子的范围也越来越广，许多商人还联合成立了专营发行和兑换交子的交子铺，并在各地设立分铺。由于铺户都恪守信用，存款人持交子随到随取，交子也逐渐赢得了很高的信誉。后来，交子铺户们在经营过程中发现，只动用部分存款，并不会危及到交子的信誉，因此他们便开始印刷有统一面额和格式的交子，以此作为一种新的流通手段向市场发行。也正是这一步步的发展，才使得交子逐渐具备了信用货币的特性，从而真正成为一种纸币。

患难知心

朱晖替友教子

> 朱晖(生卒年不详),字文季,南阳宛人。小时候就成了孤儿,但很有义气。当初,汉光武帝与朱晖的父亲朱岑都在长安学习,有旧交。等到光武帝即位,朱岑已去世了,于是拜朱晖为郎,朱晖却以生病为借口推辞了。朱晖毕业于太学,性情矜持严谨,有礼有节,诸儒都称赞他品德高尚。

汉代时有一个名叫朱晖的人,他有一个从小就很要好的朋友,名叫陈揖。他们从小在一起玩耍,一起学习。朱晖的家境比陈揖要好得多,但他们从不因此而产生芥蒂。朱晖有什么好吃的、好玩的,总是拿来和陈揖一起分享,两人相处起来就像亲兄弟一样。长大以后,他们又一起出外求学,共同读书讨论,研究学问。有时候,朱晖和陈揖为了一个学习上的问题常常会争得面红耳赤,但过后他们还是亲密如常,并从争论中学到不少东西,有许多新的发现。

令人惋惜的是,陈揖的妻子刚刚怀孕不久,陈揖就突然得急病死了,家里只剩下两位肩不能担担、手不能提篮的老人和一个柔弱的孕妇。朱晖失去了他最亲密的朋友,十分悲痛,难过得好几天吃不下饭、睡不着觉。但他强忍着失去好友的悲痛，亲自安排陈揖的葬礼，并经常劝慰陈家的老人和遗孀。

在陈揖的坟前，朱晖悲痛地发誓："陈揖，你就安心地去吧，我会照顾你的家人。将来，你的孩子我也一定会替你将他抚养成人！"

从此，朱晖遵守诺言，担负起两个家庭的责任，将陈家上上下下照顾得无微不至。陈揖的妻子生了孩子后，取名叫陈友。朱晖果然代朋友担当起抚养、教育孩子的义务，把陈友和自己的儿子朱骈一起送进私塾，还经常耐心地教导他们，在生活上也对陈友照顾得相当尽心，甚至比对自己的儿子还要好。

陈友是个聪明好学的孩子，像他父亲一样刻苦努力。朱晖常摸着小家伙的头亲切地说："孩子，努力学习，将来像你父亲一样，做个有学问的人。"

尽管朱晖很喜欢陈友，但从不溺爱他，从小就严格要求，要他做一个正直的人，认真勤奋地学习知识。朱晖就是这样十几年如一日地履行着自己的诺言，不但对陈家的老弱妇孺照顾得相当周到，还悉心抚养陈友长大成人，教育他走上正道。

有一年，朱晖的一个朋友当了南阳太守，邀请朱晖的儿子朱骈去做官。朱晖想到陈友，于是请求南阳太守不要请朱骈，而是向他推荐说："我朋友陈揖的孩子陈友才学更出色，让他去吧。"

南阳太守答应了朱晖的要求，但这样一来，朱骈就有点儿不高兴了。他心想：我是父亲的亲生儿子，父亲却心向外人，太不公平了。朱晖看出了儿子的心事，就语重心长地对他说："孩子，陈友的父亲是我的好友，我曾答应过他把陈友照顾好。现在我推荐陈友，一来是实现我的诺言，二来陈友的学识的确比你高。若是你能加把劲儿努力学习，何愁日后没有出路呢？"朱骈这才心悦诚服地点点头，更加努力地投入到学习中去，决心和陈友好好地比一比。

陈友果然不负众望，后来成为一个清正廉洁的好官。

■ 故事感悟

陈揖死后，朱晖不仅照顾陈揖家的老弱妇孺，还几十年如一日地实践着自己的诺言，终于把陈揖的儿子陈友教育成人。他帮助朋友的真挚情谊与助人为乐的高尚品质永远流传后世。

■ 史海撷英

光武中兴

更始三年（25年）夏，刘秀在鄗县南千秋亭五城陌（今河北柏乡内）称帝，改元建武，改鄗为高邑。次年定都洛阳，正式建立了东汉政权。此后的四年，刘秀指挥军队镇压了赤眉等农民起义军，削平了各地的割据势力。

在位期间，刘秀以"柔道"治天下，采取了一系列措施，恢复、发展社会生产，缓和了西汉末年以来的社会危机。建武二年至十四年（26—38年），刘秀又颁布了六道释放奴婢的诏令，规定：战争期间被卖为奴婢者免为庶人，未释放的官私奴婢必须有基本的人身保障。建武十一年，刘秀又连下三次诏令，规定：凡是杀奴婢者不得减罪；炙灼奴婢者依法治罪；免被炙灼的奴婢为庶人；废除奴婢射伤人处极刑的法律。此外，还规定恢复西汉时期较轻的田税制，实行三十税一；遣散地方军队，废除更役制度，组织军队屯垦；简政减吏，裁并400多县；放免刑徒为庶民，用于边郡屯田；等等。建武十五年，刘秀又下令度田、检查户口，从而加强封建国家对土地和劳动力的控制。同时，集中力量加强中央集权，对功臣赐优厚的爵禄，但禁止他们干政；排斥三公，加重原在皇帝左右掌管文书的尚书的权力，全国政务经尚书台总揽于皇帝。在地方上，还废除了掌握军队的都尉。

这些措施，使得东汉初年出现了社会安定、经济恢复、人口增长的局面，因此，刘秀统治的时期史称"光武中兴"。

■文苑拾萃

《周髀算经》

《周髀算经》乃是十大算经书之一，约成书于公元前1世纪。《周髀算经》原名为《周髀》，是我国最古老的天文学著作，主要阐说当时的盖天说和四分历法。唐初规定，《周髀》为国子监明算科的教材之一，故改名《周髀算经》。

《周髀算经》在数学上的主要成就是介绍了勾股定理及其在测量上的应用以及怎样引用到天文计算中去等。

王维助韩干成名家

> 韩干（生卒年不详），京都地区（今陕西西安）人。唐代杰出的画家，官太府寺丞。韩干擅画肖像人物，尤工画马，着重描绘马的风采神态，对后世影响很大。韩干的传世之作有《姚崇像》《安禄山像》《玄宗试马图》《宁王调马打球图》《龙朔功臣图》，均录于《历代名画记》；《内厩御马图》《圉人调马图》《文皇龙马图》等52件，辑于《宣和画谱》。

唐代曾有位名叫韩干的著名画家，以擅长书画闻名，《牧马图》是他的传世之作。据说韩干早年家贫，是得到了能书善画的王维的帮助才出名的。

一天，王维从外面回家，忽然看到一个年轻人正蹲在自己家门口的泥地上，手拿竹枝，专心致志地画着什么。走近前一看，那年轻人正画一匹奔马，旁边已画好了五六匹，马画得很逼真。王维不禁脱口称赞道："好马！好马！画得太像了！"

年轻人正集中精力画画，忽听背后有人叫好，抬头一看是王维，慌忙起身作揖打躬。王维这才看清，年轻人正是邻居酒店里的伙计韩干。

韩干在酒店当伙计，酒店的门口整天拴满了客人们骑来的马，韩干耳濡目染，逐渐对画马产生了浓厚的兴趣。他平时一有空就仔细观察马的形象、动作，干活闲下来时就抓紧把脑子里留下来的马的形象画出来。因为家里很穷，买不起画笔，他就找来一根竹棍，绑上毛发当笔使；没有纸，就在泥地上练习。经过天长日久的练习，韩干进步很快。今天到王维家里，是来向王维结算他所赊欠的酒账的。见王维不在家，就利用这一点时间在泥地上练习起作画来。

王维从前听别人说起过韩干，都说他刻苦勤奋，日后是块好料。今日王维亲眼看到了韩干画马，心想，一个没有纸和笔的人竟能画出这么好的作品，真是了不起。

王维被韩干的这种苦学精神深深地打动了，就把他带到家中谈起画来。

谈了一阵，王维取出画笔和一些纸送给韩干，并邀请韩干作画。

从此以后，韩干不仅成了大画家王维家中的常客，每年还从王维这里得到两万文钱的资助，以购置画具和补贴生活之需。

韩干得到资助以后，有了更多的时间作画，更加一丝不苟地勤奋苦练。后来，王维又介绍他与当时的画马名家曹霸认识，拜曹霸为师学习画马。

韩干经过名师指点，加上自己刻苦练习，终于成了一位画马名家。韩干继承了老师画马的方法，但同时又有所创新，有自己独到的技法。他画的渥洼、骙裹产的名马，就像从天上下凡的神马似的，已达到了出神入化的境界。

■故事感悟

韩干本是一个无名小卒，但他刻苦勤奋，得到了王维的赏识，也成就了两人的友谊。

史海撷英

《旧唐书·王维传》节选

　　维弟兄俱奉佛,居常蔬食,不茹荤血,晚年长斋,不衣文彩。得宋之问蓝田别墅,在辋口;辋水周于舍下,别涨竹洲花坞,与道友裴迪浮舟往来,弹琴赋诗,啸咏终日。尝聚其田园所为诗,号《辋川集》。在京师日饭十数名僧,以玄谈为乐。斋中无所有,唯茶铛、药臼、经案、绳床而已。退朝之后,焚香独坐,以禅诵为事。妻亡不再娶,三十年孤居一室,屏绝尘累。乾元二年七月卒。临终之际,以缙在凤翔,忽索笔作别缙书,又与平生亲故作别书数幅,多敦励朋友奉佛修心之旨,舍笔而绝。

顾贞观撰词救友

顾贞观（1637—1714），清代文学家、词人。江苏无锡人。原名华文，字远平、华峰，亦作华封，号梁汾。顾贞观禀性聪颖，结交诸多名士，与声望甚隆的吴兆骞齐名，并结为生死之交。他幼习经史，尤喜古诗词，少时就与江南名士，如太仓吴伟业、宜兴陈维崧、无锡严绳孙、秦松龄等人交往，与陈维崧、朱彝尊并称为"词家三绝"。

清代著名词人顾贞观和著名诗人吴兆骞同为江南才子，一个填词，一个作诗，在清初的文坛上崭露头角，一时名气大震。早在青年时代，他们两人就以诗酒交往，关系十分密切，有时蠡湖泛舟，春郊驰马；有时围棋击筑，谈诗论文。可谓是志趣相投，肝胆相照。

清顺治十四年（1657年），吴兆骞参加江南乡试，考中举人。但因不断有人揭发考场弊端，引起顺治帝震怒，核准礼部所奏："钦定试期，亲加复试，以核真伪。"吴兆骞就与其他所有中举者一起，被押往北京进行复试。在考场上，除了考官罗列监视外，堂上还摆着桎梏镣铐等刑具，堂下排列着举刀持棍的武士，而且每个举子身边还有两个护军夹立

监视。在这种气氛下，参加复试的举人大都战栗不安，失去了作文赋诗的灵感，有的甚至哆嗦得连笔都握不住。吴兆骞虽有才华，但也受到了环境的影响，未能终卷，最终以舞弊定案，被杖责四十大板，然后被遣送到8000里外的宁古塔（今黑龙江宁安县）去戍边。

吴兆骞离京出塞时，诗人吴梅村挥泪相送，并作《悲歌赠吴季子》一诗，以寄托友情。

1660年8月，沙俄侵略者在黑龙江下游侵扰我国，清统领巴海率领军民迎击侵略者。为此，吴兆骞还写了一首题为《奉送巴大将军东征逻察》的长诗，谴责罗刹（即沙俄）的暴虐行为，歌颂了巴海率军抗战的爱国正义行动。

吴兆骞被遣送到黑龙江戍边后，顾贞观为好友所蒙受的不白之冤而感到十分悲伤，并立下了"必归季子"的誓言。然而，这个案件是顺治皇帝钦定的，继位的康熙皇帝并没有为学子们平反昭雪之意。当顾贞观接到吴兆骞从戍边寄来一信时，才知吴兆骞戍边的苦况："塞外苦寒，四时冰雪，鸣镝呼风，哀笳带血，一身飘寄，双鬓渐星，妇复多病，一男二女，藜藿不充，回念老母，茕然在堂，迢递关河，归省无日……"

顾贞观读信后，悲伤地流下眼泪，深深地体会到了身居边塞好友的凄苦，救友生还已刻不容缓。当他了解到，当时朝廷中身居要职的宋德宜、徐翰学过去与吴兆骞都有过交往，便连夜奔走于这些权贵之间。然而人情淡薄，世态炎凉，这些早已飞黄腾达的高官显宦们根本不愿出力解难。顾贞观一筹莫展，百感交集，挥笔写下了《金缕曲》二首，作为给吴兆骞的复信。

两首《金缕曲》，对患难之友悲之深、慰之至，可谓叮咛告诫，无一字不从肺腑中流出。最终，这种忠贞生死之谊、至情之作，感动了顾贞观新结识的一位朋友——纳兰性德。

纳兰性德，字容若，是清代满族最杰出的词人。其父明珠，官至太傅，主持朝政多年。纳兰性德出生在门第显赫的贵族家庭，18岁就中举人，22岁被康熙皇帝选为御前侍卫。但他却无意于官职的升迁，喜欢治学，写诗赋，惜友情，重然诺，"以风雅为性命，朋友为肺腑"。他与顾贞观一见如故，互相倾慕。当他读了顾贞观的《金缕曲》后，心情十分激动，向顾贞观表示："不玉成此举者，非人也！"决心承担营救吴兆骞的重任。在他的一再恳求下，其父终于应允以重金赎回吴兆骞。由于明珠出面，宋德宜、徐翰学等人也只好同意捐款相救了。

康熙二十年，51岁的吴兆骞回到北京，人们看到的已是一个形如枯槁、须发皤然的老翁。在宁古塔的凄苦生活，使他过早地衰老了。但是，在面对自己的好友时，一股暖流涌上心头，感激之情化成了滚滚热泪，让他在好朋友面前痛痛快快地恸哭了一场。纳兰性德把吴兆骞留在家中担任授读，"三载宾筵，锦衣鼎食"。可惜，他已是一段膏蜡燃尽的残烛，到54岁时就因病逝世了。

吴兆骞在坎坷的一生中写了许多诗文，给后人留下了一份文学遗产——八卷《秋笳集》。顾贞观写给他的两首《金缕曲》，因为纳兰性德在祭吴兆骞的文中曾说："金缕一章，声与泣随，我誓返子，实由此词。"所以也被人传诵为"赎命词"，成为清词中的压卷之作。顾贞观与吴兆骞之间的生死之交也成为文坛佳话，至今仍被人们传颂。

■故事感悟

当朋友远谪宁古塔时，顾贞观想尽办法，虽感慨人情冷漠，但依然坚持救友回京。他的两首《金缕曲》也成为清词中的名作，被后人称为"千古绝调"。

□ 史海撷英

吴兆骞获罪发配

清朝初年，江南士大夫们都各自结社，其中以慎交社、同声社比较著名。当时，吴兆骞曾主盟慎交社，与诸名贤角逐艺苑。顺治十四年（1657年），吴兆骞中举人，然而因南闱科场案发，吴兆骞被诬卷入其中。

第二年，吴兆骞又赴京接受检查和复试。在复试中，他因为受到周围环境影响，没能答完试卷，结果被革除举人名。顺治皇帝亲自定案，吴兆骞家产籍没入官，父母兄弟妻子也一并被流放到宁古塔（今黑龙江省宁安县）长达23年之久。

后来，经好友顾贞观、纳兰性德等人在朝中斡旋，费赎金数千，吴兆骞又献《长白山赋》取悦康熙帝，才于康熙二十年（1681年）得以放归。长期的严寒生活，使吴兆骞已不能适应江南的水土气候了，返乡后大病数月，后赴京治疗，于康熙二十三年客死京城，临殁语其子曰："吾欲与汝射雉白山之麓，钓尺鲤松花江，挈归供膳，付汝母作羹，以佐晚餐，岂可得耶？"则于白山黑水亦有乡愁矣。

吴兆骞的著述甚多，然而屡于颠沛，存者所剩无几，其子吴振臣所刊的《秋笳集》诗文八卷，殆未及十之一二。今人王孟白辑有《吴兆骞集》。吴兆骞还留下了大量讴歌祖国边陲的诗篇，现仅存《秋徊集》《归来草堂杂卷》《西曹杂诗》等。

吴兆骞在宁古塔期间，曾开馆授徒，传播知识，培养人才，并创作了100多篇边塞诗、抗俄爱国诗及以宁古塔名胜古迹为题材的作品及咏叹诗。在吴兆骞的《秋笳集》中，收录了他的部分边塞诗作品，其中，《北渚望月》是目前发现的最早描写镜泊湖的诗，《上京》则是我国最早描写渤海国上京龙朱府遗址的一首诗。在宁古塔期间，吴兆骞对中朝两国之间的文化交流作出了重要贡献，促进了两国人民之间的团结和友谊。

■文苑拾萃

金缕曲

顾贞观

寄吴汉槎宁古塔，以词代书。丙辰冬，寓京师千佛寺，冰雪中作。

季子平安否？便归来，平生万事，那堪回首！行路悠悠谁慰藉，母老家贫子幼。记不起、从前杯酒。魑魅搏人应见惯，总输他、覆雨翻云手。冰与雪，周旋久。

泪痕莫滴牛衣透，数天涯，依然骨肉，几家能够？比似红颜多命薄，更不如今还有。只绝塞、苦寒难受。廿载包胥承一诺，盼乌头、马角终相救。置此札，君怀袖。

我亦飘零久！十年来，深恩负尽，死生师友。宿昔齐名非忝窃，只看杜陵消瘦。曾不减，夜郎僝僽。薄命长辞知己别，问人生，到此凄凉否？千万恨，为君剖。

兄生辛未吾丁丑，共此时，冰霜摧折，早衰蒲柳。词赋从今须少作，留取心魄相守。但愿得，河清人寿。归日急翻行戍稿，把空名料理传身后。言不尽，观顿首。

鲁迅携手郁达夫

> 郁达夫（1896—1945），原名郁文，字达夫，幼名阿凤。浙江富阳人。中国近代小说家、散文家、诗人。抗日战争爆发后，郁达夫积极参加抗日宣传运动，在新加坡、印度尼西亚等地保护了大量文化界流亡难友、爱国侨领和当地居民。1945年9月17日，被日本宪兵秘密杀害于印度尼西亚的苏门答腊。1952年，经中央人民政府批准，追认为革命烈士。
>
> 鲁迅（1881—1936），原名周树人，字豫才、豫山、豫亭，以笔名鲁迅闻名于世。浙江绍兴人。20世纪中国重要作家，新文化运动的领导人，左翼文化运动的支持者。鲁迅的作品包括杂文、短篇小说、评论、散文、翻译作品等，对于五四运动以后的中国文学产生了深刻的影响。

鲁迅和郁达夫从1923年2月17日相识，历经十余年而友谊日增。

鲁迅与郁达夫交往比较密切时，是鲁迅到上海以后，1928年6月创刊的《奔流》是他们合编的月刊。郁达夫虽称编者，实则挂名，鲁迅则"因为《奔流》，终日奔得很忙"。

1930年2月，鲁迅、郁达夫一起列名发起"中国自由运动大同盟"。不久，"中国左翼作家联盟"成立，郁达夫又经鲁迅介绍加入进来。由于当时斗争复杂，郁达夫思想有些矛盾，一方面他有正义感和爱国热情，另一方面他又有感伤、颓废等情绪。在鲁迅面前，郁达夫从不掩饰自己的心情，鲁迅则坦诚相待。1932年12月31日，鲁迅为中外友人题诗写字，一连写了5幅，《无题》则是专为郁达夫写的：

　　洞庭木落楚天高，眉黛猩红涴战袍。
　　泽畔有人吟不得，秋波渺渺失离骚。

　　这首诗曾经得到人们的高度赞赏，郁达夫也最喜爱它，称它是鲁迅七绝中的压卷之作。从诗中看，鲁迅对郁达夫似有慰问和勉励之意，希望他认清形势，多为社会做些有益的工作。这时距郁达夫携妻王映霞移家杭州只有3个多月，也许鲁迅已经了解到老友早萌退居之意了。

　　这首诗于1933年1月10日寄出，并附信"丐其写字"。郁达夫收到后，便写了一首专门献给鲁迅的旧体诗，于1月19日特地送上门来。诗中有"彷徨呐喊两悠悠""不废江河万古流"句。这首诗用风趣的笔调、飘逸的风格，对鲁迅的业绩作出了热情的评价。

　　郁达夫支持鲁迅，鲁迅也关怀郁达夫。就在1933年，鲁迅又借为王映霞写字之机，题诗一首赠郁达夫：

　　钱王登假仍如在，伍相随波不可寻。
　　平楚日和憎健翮，小山香满蔽高岑。

患难知心

坟坛冷落将军岳，梅鹤凄凉处士林。
何似举家游旷远，风波浩荡足行吟。

这首诗的写作背景是1933年4月25日，郁达夫离开斗争的旋涡上海，偕同妻子王映霞回杭州养息。之后，他与当地官员、士绅应酬往来，接受款待，写了一些点缀太平的游记一类的文章。鲁迅借用典故，对郁达夫进行规劝，并对他寄托着殷切期望。

鲁迅这首诗的前三联一再以史实典故作喻，极言杭州还是暴君统治的天下，虽然风和日丽，小山香满，但非爱国志士栖身之地。全诗的重点在第四联，希望郁达夫认清形势，"举家游旷远"，及早迁离杭州，在"风波浩荡"中抒写情怀。可惜郁达夫一味迷恋湖光山色、醇酒美人，辜负了鲁迅的期望。

可以这样说，鲁迅是郁达夫思想和事业上的诤友。在激烈的生活波浪中，他是拉着郁达夫的手一同前进的。如果郁达夫能够倾听鲁迅的忠言，认真克服自身的弱点，他就不至于走那么曲折的道路。

所幸的是，抗战爆发后，郁达夫的爱国热情又被熊熊燃烧起来，他终于不负鲁迅生前的殷切期望，在海内外的"风波浩荡"中奔走辛劳，为民族解放和新文化建设作出了卓越的成绩，并献出了最可贵的生命。

故事感悟

鲁迅和郁达夫之间，在思想认识、生活态度和文艺见解等方面都存在着明显的差别，但他们求同存异，赤诚相见。鲁迅作诗激励郁达夫，郁达夫也终于不负鲁迅的期望，在抗日战争中以最大的热情奔走呼号，直至为解放事业献出生命。

□ 史海撷英

中国自由运动大同盟

　　1930年2月12日，鲁迅、柔石、郁达夫、田汉、夏衍、冯雪峰等人，在上海共同发起成立了中国自由运动大同盟，简称为自由大同盟。

　　自由大同盟成立后，其宣言号召要争取言论、出版、结社、集会等自由，反对南京国民政府统治，指出"不自由，毋宁死"，并出版了机关刊物《自由运动》。当时，南京、汉口、天津等地相继设立了50多个同盟分会，并吸收了许多学校、文艺团体和工人组织参与其中。同年6月，自由大同盟又在上海召开会议，决定建立全国总同盟，选举了鲁迅、周全平、郑伯奇、潘汉年、田汉等人为执行委员。该组织是中共领导的外围革命群众团体，自成立之日起，就遭到国民政府的残酷压制。1931年2月，同盟主席龙大道在上海龙华牺牲后，自由大同盟最终自行解散。

第三篇
知音难觅

李白杜甫以诗论友

> 杜甫（712—770），字子美，号少陵野老，一号杜陵野老、杜陵布衣。唐朝现实主义诗人。生于中国河南巩县（今河南省巩义市），祖籍湖北襄阳（今湖北省襄阳市）。因其曾任左拾遗、检校工部员外郎，因此后世称其杜拾遗、杜工部；又因为他搭草堂居住在长安城外的少陵，故也称杜少陵、杜草堂。
>
> 李白（701—762），字太白，号青莲居士。中国唐朝诗人，有"诗仙""诗侠"之称。有《李太白集》传世，诗作多以醉时所著，代表作有《望庐山瀑布》《行路难》《蜀道难》《将进酒》《梁甫吟》《早发白帝城》等多首。

杜甫是西晋名将杜预的后人，唐初诗人杜审言的孙子，从小就生长在文化氛围比较浓郁的家庭之中。杜甫虽然自小丧母，寄居在洛阳姑母家中，又体弱多病，但他勤奋好学，十四五岁时就已在洛阳文坛崭露头角。当时，洛阳的名士崔尚、魏启心等人看到杜甫的作品后都十分吃惊，称他是班固和扬雄的再生。

20岁那年，杜甫离开故乡，到各处去漫游。他首先到达吴越，遍

历了江宁、苏州、杭州,荡舟镜湖,还登上了天姥山。吴越争霸的陈迹、秦皇巡幸的遗踪以及历代的风流人物、江南的秀美山水,启迪了年轻的杜甫,他的胸襟也随之开阔起来。此后,他又游历齐赵,体味着齐鲁文化的底蕴,"会当凌绝顶,一览众山小"等诗句,气魄宏大,洋溢着积极向上、奋发图强的豪情壮志。

在多年的漫游当中,杜甫也看到了国家的很多隐患:穷兵黩武,征戍频繁,赋役繁重。他也因此陷入了苦闷之中。正当此时,他结识了诗人李白。

李白当时已是名满天下,天宝元年(742年)又被唐玄宗召入长安。玄宗命他供奉翰林,陪从侍宴,代草文书,并未重用他。而且,李白也依然未改他傲岸和放荡的性格,过着狂放的诗酒生活;一到长安,便和酒徒们聚在一起。他的行为在唐玄宗的眼里也是新奇的、有趣的。唐玄宗最宠信的宦臣高力士,是个势倾内外的显赫人物。有一次,李白在唐玄宗面前喝醉了酒,表露了他的傲慢,还喝令高力士为他脱靴。他最终为高力士、杨贵妃等人所不容,只得"恳求"归山而被"赐金"离开了长安。政治上的失败和仕途上的挫折让李白感到极度悲愤,之后,他只身来到洛阳。

杜甫听说李白已到了洛阳,便急不可待地前去拜访。天宝三年(744年)初夏,这两位伟大的诗人终于在洛阳会面了。一见面,杜甫简直被李白的风采折服了,李白的一派仙风道骨使杜甫仿佛置身于仙境。他看见了游侠,还亲自陪同李白去求仙访道。两人越过黄河,到了王屋山,去寻访道士华盖君。谁知走到清虚洞天,才知华已死了。千山万壑,一片沉寂,寺院也是一片荒芜,他们只好沮丧而返。

之后,李白去陈留拜访从祖、当时任采访使(监察官)的李彦允,杜甫则到了梁宋(今河南一带),李白接着赶来。在梁宋,他们又遇见了高适。高适当时仍未中举,正在梁宋和山东一带漫游。杜甫在开元末年曾与他在汶水之溪结识，如今重逢，这三位诗人便在这里度过了一个浪漫而快活的秋天。

　　三人同游了汴州东南的梁园。梁园是西汉文帝二儿子梁孝王刘武建的离宫，原有平台、兔园等名胜，经过南北朝的战乱，此时已荒芜了，但断井颓垣，遗迹尚在。三人在凭吊中，不禁为历史沧桑巨变而感叹。他们同上酒楼，饮酒作诗，十分兴奋。这时李白44岁，名满天下；高适43岁，边塞诗享有盛名；而杜甫只有33岁。他觉得李、高的想象十分丰富，构思也相当奇特，因而钦佩之情溢于言表。喝完酒后，他们仍然兴致勃勃，便登上了城东南的吹台，面向芒山、砀山，勾起了怀古的幽情。这一带是汉高祖隐匿过的地方，如今刘邦早已死去，只看见几只大雁和野鸭在飞鸣。想起在当前这太平盛世中空怀壮志，无从施展，正像那失群的孤雁，杜甫不禁心头泛起一阵悲凉的情绪。他们不满现实，发出了对唐王朝现实的批判：

　　　　先帝正好武，寰海未凋枯。
　　　　猛将收西域，长戟破林胡。
　　　　百万攻一城，献捷不云输……

　　当时，唐玄宗好战，边将贪功，用兵吐蕃，侵袭契丹。三个人在忧国忧民时，也担心有一天要引起天下大乱。

　　宋州以北，直到单父（今山东单县），有一片适于游猎的孟渚泽，三人在这里一起呼鹰逐兔，驰骋游猎。冬天，他们还登上城北的单父台，眺望无边无际的原野，似乎一直能望到渤海的海滨。凛冽的寒风，苍茫的风云，从万里之外扑面飞来。他们的话题又转到唐玄宗的穷兵黩武，谈到了"太平盛世"背后的危机。"君王无所惜，驾驭英雄才。幽燕盛用武，供给亦劳哉！"他们对东北边境的形势已经深感不安了。

天宝四年（745年），高适南游楚地，杜甫和李白则一同到了山东的齐州。李白要在齐州紫极宫领受北海高天师的"道箓"，而杜甫则去拜访了北海的太守李邕。次年秋天，杜甫到了兖州，李白又由任城（今山东济宁）赶来相会。这次重逢，杜甫写出了这样四句诗赠给李白，表达了自己怀才不遇、愤世嫉俗的心情：

    秋来相顾尚飘蓬，未就丹砂愧葛洪。
    痛饮狂歌空度日，飞扬跋扈为谁雄？

随后，杜甫与李白又一起到山东访问道士董炼师和元逸人。他们白天携手同行，醉时共被酣睡，友情比去年在洛阳和宋州时又增进了许多。他们有时还走出兖州北门，寻访范隐士的居所，在那里尽情畅谈，常常守着一杯酒仔细讨论诗文。这也是两个诗人最后的会合。不久以后，杜甫要西去长安，李白则准备重游江南，两人在兖州城东的石门分手。临别时，李白赠与杜甫一首诗《鲁郡东石门送杜二甫》：

    醉别复几日，登临遍池台。
    何时石门路，重有金樽开？
    秋波落泗水，海色明徂徕。
    飞蓬各自远，且尽手中杯！

此后，杜甫功名不就，困守长安。孤独的生活使他更深感友谊的可贵，因而也时常想起李白，为此写下了《春日忆李白》：

> 白也诗无敌，飘然思不群。
> 清新庾开府，俊逸鲍参军。
> 渭北春天树，江东日暮云。
> 何时一樽酒，重与细论文。

而李白在重返东鲁探亲时，想到了昔日和杜甫同游齐鲁的情景，也是思意倍增，写下了《沙丘城下寄杜甫》。可见，两位伟大诗人的友谊是多么挚深。

安史之乱爆发后，李白不幸卷入皇室之争的旋涡，被监禁、流放，杜甫也陷于被贬、逃难的困境中。直到肃宗上元元年（760年），杜甫才在成都草堂定居下来。当时他得知李白被赦的消息后，想到他本是蜀人，却仍漂流在外，十分伤感，非常希望李白能够返回蜀中故乡隐居，彼此重温青年时代亲如手足的友情，然而两人最终也没能再会面。

故事感悟

李白与杜甫结下了兄弟般的深厚友谊，历来为人所称颂。他们虚怀若谷，彼此尊重，这在文人之间的交往中非常难得。他们的交往和真挚的友谊也为后代树立了良好的榜样。

史海撷英

翰林

翰林是我国古代的一种官名。唐朝时期，唐玄宗从文学侍从中选拔出一些优秀人才，充任翰林学士，专门掌管由皇帝直接发出的极其机密的文

件，如任免宰相、宣布讨伐令等。由于翰林学士参与机要，具有较大的实权，因而当时号称"内相"，首席翰林学士则称承旨。

北宋时期，翰林学士开始被设为专职。到了明代，翰林学士则作为翰林院的最高长官主管文翰，并时刻准备着为皇帝咨询，实权其实已相当于丞相了。清代沿用了明代的制度，并专门设置了翰林院，主管编修国史，记载皇帝的言行起居注，进讲经史，以及草拟有关典礼的文件等；其长官为掌院学士，以大臣充任，属官如侍读学士、侍讲学士、侍读、侍讲、修撰、编修、检讨和庶吉士等，都统称为翰林。

■文苑拾萃

沙丘城下寄杜甫

李白

我来竟何事？高卧沙丘城。
城边有古树，日夕连秋声。
鲁酒不可醉，齐歌空复情。
思君若汶水，浩荡寄南征。

魏万千里寻李白

> 魏万（生卒年不详），后名颢，曾经居住在王屋山上。上元初登第，于广陵初遇李白，李白曰："尔后必著大名于天下。"后来魏万回到王屋山，李白为他的集子作序，称其爱文好古。今存诗一首。

李白42岁那年，被唐玄宗召进长安，任命为翰林学士。李白来到京城本想帮助皇帝治国安民，干一番事业，可是他在长安待了两年，亲眼看见皇帝整天吃喝玩乐，把国家大事都交给几个奸臣去处理，感到很失望。李白是个有骨气的人，从来不肯低头弯腰去巴结那些有权有势的大官僚。这些奸臣恨透了李白，就经常在皇帝面前说李白的坏话，终于把他挤出了长安。

54岁时，李白再次来到扬州。他在《酬崔侍御》中说："严陵不从万乘游，归卧空山钓碧流。自是客星辞帝座，元非太白醉扬州。"其心态已不再是当初年轻时的模样。但这次在扬州，李白却认识了一个人，就是青年诗人魏万。狂放自负的魏万对李白十分仰慕。李白出了长安，遍游祖国名山大川，写下了不少壮丽的诗篇，魏万就踏着诗人游踪，马不停蹄，足足追了3000里，终于在广陵见到了李白。

患难知心

魏万描写李白的形象是："眸子炯然，哆如饿虎，或时束带，风流蕴藉。"两人一见如故，谈得很投机。以后两人一同游赏自然风光，切磋诗歌艺术，成了一对知心朋友。魏万说："一长复一少，相看如兄弟。"李白说："相逢乐无限！"

一老一少两个狂人在扬州结成了莫逆之交，成就了一则诗坛佳话。后来两人同去金陵（南京），李白竟写了长达120句的《送王屋山人魏万还王屋》，足见相知之深。

交往中李白见魏万诚挚忠厚，年轻有为，特别高兴，因此不仅托魏万照顾他的儿子明月奴，还把自己的全部诗稿交给魏万，让他编成集子。后来魏万中了进士，他不负重托，整理出了《李翰林集》，自己还饱含热情地为诗集写了一篇序。

魏万编的李白诗集早已散失，但他的那篇序却一直流传到今天，成了两人友谊的见证。

▇故事感悟

为了与李白结识，魏万踏着李白的踪迹一路追寻，可见其对李白的崇拜之情。李白临终前将遗孤托付与魏万，这种生死情谊实在令人感动！

▇史海撷英

李白死因

关于李白的死因，历来都是众说纷纭，莫衷一是。总体来说，李白的死因可概括为三种：其一是醉死，其二是病死，其三是溺死。

关于第一种死因见于《旧唐书》，内称李白"以饮酒过度，醉死于宣城"。第二种死因也是见于其他正史或专家学者的考证之说，称当时李光弼东镇临淮时,李白不顾61岁的高龄,闻讯前往请缨杀敌,希望自己可以在垂暮之年为挽救国家危亡尽力。然而却因病中途返回,次年病死于当涂县令、唐代最有名的篆书家李阳冰家中。而第三种死因则多见于民间传说,并且极富浪漫色彩,称李白在当涂的江上饮酒时,因醉跳入水中捉月而溺死,这与诗人的性格是非常吻合的。

然而,不管死因为何,李白的死都与参与永王李璘谋反作乱有着直接的关系。因为李白曾流放夜郎,遇赦得还后不久,就结束了他传奇而坎坷的一生,这是一个不争的历史事实。

■文苑拾萃

送王屋山人魏万还王屋

(唐)李白

仙人东方生,浩荡弄云海。沛然乘天游,独往失所在。
魏侯继大名,本家聊摄城。卷舒入元化,迹与古贤并。
十三弄文史,挥笔如振绮。辩折田巴生,心齐鲁连子。
西涉清洛源,颇惊人世喧。采秀卧王屋,因窥洞天门。
揭来游嵩峰,羽客何双双。朝携月光子,暮宿玉女窗。
鬼谷上窈窕,龙潭下奔潨。东浮汴河水,访我三千里。
逸兴满吴云,飘摇浙江汜。挥手杭越间,樟亭望潮还。
涛卷海门石,云横天际山。白马走素车,雷奔骇心颜。
遥闻会稽美,且度耶溪水。万壑与千岩,峥嵘镜湖里。
秀色不可名,清辉满江城。人游月边去,舟在空中行。
此中久延伫,入剡寻王许。笑读曹娥碑,沉吟黄绢语。
天台连四明,日入向国清。五峰转月色,百里行松声。

灵溪恣沿越，华顶殊超忽。
忽然思永嘉，不惮海路赊。
赤城渐微没，孤屿前嶢兀。
缙云川谷难，石门最可观。
喷壁洒素雪，空濛生昼寒。
咆哮七十滩，水石相喷薄。
松风和猿声，搜索连洞壑。
落帆金华岸，赤松若可招。
岧峣四荒外，旷望群川会。
乱流新安口，北指严光濑。
稍稍来吴都，徘徊上姑苏。
目极心更远，悲歌但长吁。
身着日本裘，昂藏出风尘。
相逢乐无限，水石日在眼。
吾友扬子云，弦歌播清芬。
乘兴但一行，且知我爱君。
东窗绿玉树，定长三五枝。
我苦惜远别，茫然使心悲。

石梁横青天，侧足履半月。
挂席历海峤，回瞻赤城霞。
水续万古流，亭空千霜月。
瀑布挂北斗，莫穷此水端。
却思恶溪去，宁惧恶溪恶。
路创李北海，岩开谢康乐。
径出梅花桥，双溪纳归潮。
沈约八咏楼，城西孤岧峣。
云卷天地开，波连浙西大。
钓台碧云中，邈与苍岭对。
烟绵横九疑，漭荡见五湖。
回桡楚江滨，挥策扬子津。
五月造我语，知非伊儜人。
徒干五诸侯，不致百金产。
虽为江宁宰，好与山公群。
君来几何时，仙台应有期。
至今天坛人，当笑尔归迟。
黄河若不断，白首长相思。

寄茶品茗连情谊

苏轼（1037—1101），字子瞻，又字和仲，号"东坡居士"，世人称其为"苏东坡"。眉州（今四川眉山，北宋时为眉山城）人，祖籍栾城。北宋著名的文学家、书画家、词人、诗人、美食家，唐宋八大家之一，豪放派词人的代表。他的诗、词、赋、散文成就均极高，且善书法和绘画，是中国文学艺术史上罕见的全才，也是中国数千年历史上公认的文学艺术造诣最杰出的大家之一。在散文上，苏轼与欧阳修并称欧苏；在诗上，苏轼与黄庭坚并称苏黄；在词上，苏轼与辛弃疾并称苏辛。苏轼的书法名列"苏、黄、米、蔡"北宋四大书法家之首，其画则开创了湖州画派。

广东潮州"唐宋八贤"之一的宋代高士吴复古，其父为吴宗统，由闽入粤迁往海阳蓬州（今汕头市龙湖下蓬）。吴复古在父亲逝世后，就定居在揭阳的南潮村（今揭东县炮台镇辖属）。少年时期的吴复古就很有文采，但性格奇特，淡泊名利。吴复古初举孝廉，授职皇宫教授，但因不满官场黑暗，决然弃官。离京返乡后，吴复古便到潮阳灶浦金沟乡麻田山中建了"远游庵"隐居。

虽然出了家，但吴复古很讲究养生存气之道。他所讲的"养生"，乃是儒家的修身养性；所讲的"气"，是孟子之所谓的浩然之气。史书记载他"每论出世法，以长生不死为宗事，以炼气服药为土苴"。他反对道教的一套，主张一切顺应自然，强调自我休养。

出家后，吴复古遍游天下名山，广交名士。虽常出入于士大夫之门，但他从不阿谀奉承，对人一无所求。当时的名士都十分景仰他。北宋词人，天章阁待制李师中，素有神童之称，为人十分傲倨，"于世少所屈"，唯独看重吴复古，称"白云在天，引领何及"。

苏轼也在这个时候认识了吴复古，并向他请教作文与处世之道，还写下了《闻潮州吴子野出家》《问养生》等文章。他们虽然年龄相差数十岁，但一见如故，成了忘年交。苏轼豁达豪放的性格与超逸的文才很得吴复古赏识，而吴复古刚直脱俗的个性与道德文章更使苏轼折服。苏轼曾把吴复古告诫他的养生之法用素笔抄下，引为座右铭，这就是有名的《问养生》法帖。世传东坡善养生之法，就颇受这位良师益友的影响。

宋元丰年间，苏轼被贬到黄州（今湖北省黄冈市），在东坡山地种茶，此为他自号"东坡居士"之由来。吴复古不远千里前去探访，苏轼深受感动，亲自上山采摘露芽汲泉烹茶，款待来自远方的故友。两人对坐品茶，促膝谈心，共同进入汤瓯境界。

好茶亦关缘分，投缘的茶友有机会在一起品茶，分开了也不忘寄茶以表达情意。吴复古从黄州返回潮州后，便给苏轼寄赠建茶。苏轼接到吴复古的礼物，即复信致谢。他在《与子野书》中说："寄惠建茗数品，皆佳绝。彼土自难得，更蒙辍惠，惭悚！惭悚！"吴复古知苏轼爱饮建茶，在择茶上颇费一番苦心。建茶即产于福建建安的建溪茶，宋代茶品，建安所产，超群绝伦，独冠天下。苏轼曾有"建溪春色占先魁"的咏赞，称建茶为"瑞草魁"，后人也称"宋人最重建州茶"。吴复古寄赠建茶，属绝佳精品，在福建产地也不易得到。虽数量不多，却是"精茶数品，叶叶关情"！

宋哲宗绍圣元年（1094年）八月，苏轼被贬到惠州，专程经潮州拜晤吴复古。老友重逢，分外高兴。苏轼欣然命笔，作《远游庵铭并序》以赠吴复古。至今麻田山仍保存有苏东坡当年的墨迹。

绍圣四年，苏轼再次被贬海南，在琼州（今儋县）期间，曾多次向吴复古表达敬意。到了元符三年（1100年）底，苏轼遇赦北归。97岁高龄的吴复古感念老友情长，执意为之送行，来到清远。因天气寒冷，老迈之人不禁其寒，染病不起。宋徽宗建中靖国元年（1101年）四月十三日，吴复古不幸病逝于归途。苏轼在真州惊闻噩耗，万分伤感，写下了《哭子野》的祭文。

■故事感悟

苏轼与吴复古虽然对待现实的态度不同——苏轼是面对现实，不怕磨难，积极向上，而吴复古的思想较为消极——但他们之间"寄茶品茗"的友谊却成了千古佳话。

■史海撷英

苏轼修堤

北宋元祐五年（1090年），苏轼担任杭州知州期间，曾疏浚西湖，利用浚挖的淤泥构筑并历经后世演变而形成了杭州苏堤。杭州人民为了纪念苏轼治理西湖的功绩，将其命名为"苏堤"。

苏堤南起南屏山麓，北到栖霞岭下，全长约3公里，为西湖增添了一道妩媚亮丽的风景线。南宋时期，苏堤春晓曾被列为西湖十景之首。元代，苏堤又被称为"六桥烟柳"而列入钱塘十景。

文苑拾萃

中国十大名茶

中国的茶历史十分悠久，各种各样的茶类品种更是竞相争艳，而中国名茶更是浩如烟海的诸多花色品种茶叶中的珍品。同时，中国名茶在国际上也享有很高的声誉。

根据1959年全国"十大名茶"的评比会所评选，中国的十大名茶分别为西湖龙井、洞庭碧螺春、黄山毛峰、庐山云雾茶、六安瓜片、君山银针、信阳毛尖、武夷岩茶、安溪铁观音和祁门红茶。

以戏结友识友

> 田汉（1898—1968），原名田寿昌，曾用笔名伯鸿、陈瑜、漱人、汉仙等。我国著名话剧作家、戏曲作家、电影剧本作家、小说家、诗人、歌词作家、文艺批评家、社会活动家，文艺工作领导者，中国现代戏剧的奠基人。田汉多才多艺，著作等身。他早年留学日本，20世纪20年代开始创作戏剧，写过多部著名话剧，成功地改编过一些传统戏曲。他还是中华人民共和国国歌《义勇军进行曲》的词作者。

田汉与周信芳都是我国剧坛的一代宗师，两人交往密切，友谊深厚，在戏剧史上留下了一段佳话。

田汉18岁去日本求学，途经上海观看了周信芳的京剧演出，十分喜爱。1923年秋，两人相见，一见如故。周信芳说："相识满天下，知心能几人。今天我们能一见如故，明天就以兄弟相称吧。"

从此，两人交往甚密，一起切磋戏剧曲目。

1928年，田汉创办了南国艺术学院，不久受挫停办，转而集中力量创办南国剧社。一开始剧场难借，又没戏台，幸而有周信芳的全力支持，公演才赢得了广大观众的热烈欢迎。

1930年，田汉改编的《卡门》被国民党当局禁演，田汉遭搜捕。由于鲁迅先生的及时报信，田汉转移，悄悄来找正在演出的周信芳。周信芳给田汉改了装，又拿出钱给田汉，然后设法将其送到日租界的一位朋友家里，田汉才免遭拘捕。

1937年，抗日战争爆发，周信芳、田汉等人冒着巨大的危险，在上海为不做亡国奴而奋勇斗争！

1948年，田汉离开上海，进入解放区。

田汉与周信芳再次见面，已是新中国诞生前夕。1949年6月，周信芳被选为全国第一届文代会的代表赴京开会。在灿烂阳光下战友重逢，感慨万千。此后，田汉在北京担任文艺界的领导工作，历任文联常委、文化部艺术局局长、中国戏剧家协会主席等职务；周信芳还是在上海从事戏剧活动，任中国戏剧家协会副主席、剧协上海分会主席、上海京剧院院长。虽然他们远隔两地，却仍在同一条战线上工作，两人南来北往，凡相聚必作长谈，分别时又总依依送行，友情与日俱增。

1961年2月，文化部隆重举行周信芳演剧生活60周年纪念活动。田汉到会作了题为《向周信芳同志的战斗精神学习》的讲话，高度赞扬了周信芳的战斗精神、革命热情以及对京剧艺术的贡献，称他为"战斗的表演艺术家"。

在纪念活动中，周信芳先后在北京、上海演出了《打渔杀家》《乌龙院》等拿手好戏。田汉欣然命笔，赠诗四首，其中两首为：

其一

喜为人间吐不平，早年英锐已知名。
曾因王莽诛民贼，亦借陈东励学生。
手创移风肝胆壮，扶持南国意图新。

登场犹忆鱼龙会，武二刀光一座惊。
　　　　其二
六十年来磨一剑，精光真使金石开。
由它眼弱和头白，唱通山陬与海隈。
万死不辞尊信国，千山所指骂王魁。
乾坤依旧争邪正，珍重先生起怒雷。

诗中巧妙地列举了周信芳各个时期编演的剧目《王莽篡位》《徽钦二帝》《文天祥》《义责王魁》等，称赞周信芳正是通过这战斗的历程，实现了自己的非凡理想。

20世纪60年代的第一年，田汉因工作到上海。正逢农历除夕，周信芳的夫人到海外探亲去了，家里只有周信芳一人。田汉怕老友孤寂，除夕之夜特地来周家陪伴。两人通宵畅谈，直到次日凌晨，大年初一的爆竹响起时，他们的谈话还没有结束，数十年的友情真比流水还长。

■故事感悟

　　周信芳与田汉这两位戏剧名人，为中国的新剧改革作出了巨大贡献。他们之间深厚的友谊也被传为剧坛佳话！

■史海撷英

南国社

　　南国社是1927年冬在上海成立的中国文艺团体，领导人是田汉。
　　南国社的前身为南国电影剧社，当时设有文学、绘画、音乐、戏剧、

电影五个部分，以戏剧活动为主。剧社的主要成员有田汉、欧阳予倩、徐志摩、徐悲鸿、周信芳等人，剧社的宗旨是"团结能与时代共痛痒之有为青年作艺术上之革命运动"。同时，剧社还创办了《南国月刊》《南国周刊》等刊物。

南国社成立后不久，又开设了南国艺术学院，田汉任院长，田汉、徐悲鸿、欧阳予倩分任文学、美术、戏剧等科主任，其办学宗旨以"培植能与时代共痛痒而又有定见实学的艺术学院人才"。

南国社成立后的戏剧活动主要是上演田汉创作的剧本，包括《苏州夜话》《名优之死》《湖上的悲剧》《古潭的声音》《颤栗》《南归》《孙中山之死》《火之跳舞》《一致》等。这些剧目都反映了小资产阶级知识分子在革命低潮时思想上的矛盾与苦闷，因而在青年中间引起了强烈反响。

1929年秋，中国共产党提出了无产阶级戏剧的口号，南国社也进入戏剧活动的后期。1930年6月，南国社在上海演出了田汉根据法国现实主义作家梅里美的同名小说改编的《卡门》，对人民革命发出了热烈的呼唤。然而在演出后的第三天，该剧就遭到反动当局的禁演。1930年9月，南国社也不幸被查封，社中的绝大部分成员都在田汉率领下加入了左翼戏剧运动。

南国社的戏剧活动因主要着眼于揭示内容和人物思想，因此在表现上也比较彻底地摆脱了对外国戏剧的模仿，并有力地挣脱了文明戏的束缚，富有一定的革新精神，在中国话剧史上起着承前启后的作用。南国社的不少成员，后来都成为中国戏剧、电影、音乐、美术等方面的骨干人才，比如唐槐秋、陈凝秋（塞克）、陈白尘、赵铭彝、金焰、郑君里、张曙、吴作人等。

■文苑拾萃

田汉诗二首

入狱

平生一掬忧时泪,此日从容作楚囚。
安用螺纹留十指,早将鸿爪付千秋。
娇儿且喜通书字,剧盗何妨共枕头。
目断风云天际恶,手挟铁槛使人愁。

司徒庙古柏

裂断腰身剩薄皮,新枝依旧翠云垂。
司徒庙里精忠柏,暴雨飙风总不移。

第四篇
亦敌亦友

政见不同不影响友谊

> 王安石（1021—1086），字介甫，号半山，封荆国公。临川人（今江西省抚州市），官至宰相，主张改革变法。王安石是北宋杰出的政治家、思想家、文学家、改革家，唐宋八大家之一，有《王临川集》《临川集拾遗》等存世，诗作《元日》《梅花》等最为著名。
>
> 欧阳修（1007—1072），字永叔，号醉翁，晚年又号六一居士。江西庐陵人，北宋时期的政治家、文学家、史学家、诗人，"唐宋八大家"之一。欧阳修于政治和文学方面都主张革新，既是范仲淹庆历新政的支持者，也是北宋诗文革新运动的领导者。欧阳修喜欢推荐新人，曾巩、苏轼、苏辙等都是他的门生。

庆历二年（1042年），王安石考中进士第四名，此后在扬州任职。此时欧阳修已名满天下，在京城开封任龙图阁学士。一天，王安石的同乡好友曾巩带着王安石的几篇文稿向欧阳修推荐。尽管王安石和欧阳修的地位身份相差非常悬殊，但欧阳修对这位青年的文稿还是非常赏识。他把这些著作收在编录佳作的《文林》里，向社会推荐。又通过曾巩关照王安石，要他的思路再开放一些，不要生造词语，力戒模仿。

王安石被调京任职以后，这两位朋友才得以见面。欧阳修在高兴之余，写了首七律《赠介甫》：

> 翰林风月三千首，吏部文章二百年。
> 老去自怜心尚在，后来谁与子争先？

诗中说自己虽雄心尚在，但年纪已大，力不从心了，希望王安石刻苦努力，写出超过前人的文章来。

随后，王安石也写了首《奉酬永叔见赠》的七律诗回赠，感谢欧阳修的关怀和礼遇，表示绝不辜负期望。

熙宁二年（1069年），王安石出任参知政事。次年，又升任宰相，开始大力推行改革。欧阳修对其青苗法有所批评，且未执行。此间，欧阳修与王安石因为政见不合，经常进行激烈的争论，但欧阳修却一直爱护着王安石，王安石一直很尊敬欧阳修。

熙宁三年，欧阳修被除去检校太保宣徽南院使等职，改任蔡州（今河南汝南县）知府，此年改号"六一居士"。熙宁四年六月，欧阳修以太子少师的身份辞职，居颍州（今属安徽省）。熙宁五年闰七月二十三日，欧阳修逝于家中。王安石得知后，非常悲痛，亲自撰写祭文，表达了自己的哀悼之情。

故事感悟

讲友谊却不无原则地附和，明是非又不影响情谊，这是多么难得呀！欧阳修与王安石的友谊一直持续多年，并经受住了政见不一的严峻考验。

■ 史海撷英

青苗法

北宋熙宁二年（1069年）二月，针对当时"积贫积弱"的社会现实，以富国强兵为目的，在宋神宗的支持下，王安石开始推行自己的新法，史称王安石变法。青苗法是王安石变法中的一部分，在熙宁二年九月开始颁布实施。

青苗法规定：以各路常平仓、广惠仓所积存的钱谷为本，当粮价贵时，存粮即低于市价出售；遇粮价贱时，即高于市价收购。即在需要播种和夏、秋未熟的正月和五月，按自愿原则，由农民向政府借贷钱物。收成后，随夏、秋两税，加息十分之二或十分之三归还谷物或现钱。

青苗法使农民在青苗不接之际，不至于再受到"兼并之家"高利贷的盘剥，使农民能够"赴时趋事"。然而在具体的实施过程中，也出现了强制借贷的现象，因而并没有收到预想的效果。

■ 文苑拾萃

奉酬永叔见赠

王安石

欲传道义心犹在，强学文章力已穷。
他日若能窥孟子，终身何敢望韩公。
抠衣最出诸生后，倒屣尝倾广座中。
只恐虚名因此得，嘉篇为贶岂宜蒙。

是政敌也是好友

> 韩愈（768—824），字退之，汉族。唐河内河阳（今河南孟县）人，自谓郡望昌黎，世称韩昌黎。韩愈是唐代古文运动的倡导者，宋代苏轼称他为"文起八代之衰"，明人推他为唐宋八大家之首，与柳宗元并称"韩柳"，有"文章巨公"和"百代文宗"之名。韩愈著有《韩昌黎集》40卷、《外集》10卷、《师说》等。

唐德宗贞元三年（787年）至贞元十二年（796年），韩愈一直都在长安参加科举考试及博学宏词科考试。在这段时间内，柳宗元也在长安参加科举考试。虽然两人并非同一科的考生，但彼此之间却是比较熟悉的。何况韩愈已经连续考了四次，是非常著名的考生了，而且文章颇有名气。因此，韩愈和柳宗元两人经常畅谈诗词创作，并结交为诗词好友。

唐德宗贞元十九年（803年）左右，柳宗元与韩愈都在御史台担任监察御史，两人更是经常在一起讨论政事，切磋诗文。尽管有时争论得面红耳赤，但却丝毫不影响他们之间的友谊。

可是，两人却因中唐时期的一场变革而受到了牵连，这场变革就是

"永贞革新"。

　　李诵是唐德宗李适的长子,建中元年(780年)被封为太子。贞元二十年九月,李诵突患风疾,口不能言,四处求医问药,但病情依然毫无起色。次年(805年)正月,德宗皇帝驾崩,李诵即位,是为顺宗。

　　德宗一朝的主要问题就是皇上倦于政事,不思进取,因而朝内太监专权,地方上藩镇割据。李诵还是太子的时候,对这些就已经了然于心了,因此在执政后利用王伾、王叔文等原东宫嫡系和柳宗元、刘禹锡等少壮官员采取了一系列的改革措施,史称"永贞革新"。在这种变革运动中,柳宗元更是直接参与其中,而且可以说是核心人物之一。然而永贞革新最终还是以失败告终,王伾、王叔文和柳宗元、刘禹锡等八位参与者都先后被贬。

　　在柳宗元参加永贞革新的时候,韩愈正远在湖南担任阳山县令。对永贞革新,韩愈一直都是持否定态度的,认为那纯粹是"小人乘时偷国柄"。柳宗元与革新集团的首领王叔文的关系十分密切,然而韩愈却与王叔文等人的关系比较疏远,对王叔文等人为政的风格以及人品也颇为不满,但他与柳宗元之间却依然是惺惺相惜的。

　　当柳宗元因参加改革而被贬到永州(湖南省枣陵)做司马时,许多过去的朋友都同他断了往来,但他和韩愈之间的书信却从没有间断。信中既倾吐着相互思念的感情,还经常把自己的新作品寄给对方征求意见,对政治、人生等问题也经常交流看法,当观点有分歧时还会展开激烈的争论。有时为辩明一个问题,甚至往复许多次信件,争论很长时间。

　　当时,韩愈因为写作《毛颖传》而遭到一些人围攻、耻笑,柳宗元立即挺身而出,义正辞严地反击那些嘲笑者说:"你们所喜爱的文章不

过是一些模拟、抄袭前人、形式华丽而内容空洞的东西罢了，哪里能识得真正的好文章！"后来，韩愈又提出"文以载道"的文学主张，要求人们写文章要"言之有物"时，柳宗元不仅赞同这一主张，还特意写了许多论文，进一步论证了韩愈的理论。后来，韩愈还提出"不平则鸣"的口号，要求写文章敢于揭露现实，柳宗元便用自己的写作实践积极响应，带头写了大量的"鸣不平"的文章。

唐宪宗元和八年（813年），朝廷任命韩愈为比部郎中兼史馆修撰，负责修撰国史，可韩愈接到这个任命之后却噤若寒蝉。这是因为做史官的第一要求就是要尊重历史，然而如果尊重历史，那么皇帝的看法和宰相的看法跟你的看法不可能完全一样，此时，你是坚持真理，还是维护皇权呢？这是一个巨大的矛盾，也是韩愈畏惧做史官的根本原因。韩愈在给柳宗元的信中细述原委，诉说了自己当时的心情。

柳宗元一看这封信，十分生气，在给韩愈的回信中说："接到你的信，心里十分不高兴。难道说你认为宰相让你做史官，就是为了给你个头衔，让你干领俸禄吗？如果是这样的话，我觉得你不应该在那儿待着。一个真正有志向的人，怎么能够等到让别人来督促自己才想到要尽职尽责呢？"柳宗元在这封书信里一语中的，只要是承担了那个职责，就要坚守那个职责所代表的道义与原则，如果不能坚守，就不如立刻离开那个岗位。

柳宗元先于韩愈去世。逝世前，柳宗元给韩愈写了一封长信，托他关照自己的子女。韩愈接到信后，反复诵读，凄然泪下。为了缅怀老朋友生前的功绩，寄托自己的哀思，他赶写出了《柳子厚墓志铭》。

柳宗元死后的第三年，柳州人民为他修了罗池庙宇，并请韩愈为新建的庙宇写碑文。韩愈欣然接受，很快写出了《柳州罗池庙碑》，文中充分表达了对柳宗元的怀念之情。

■ 故事感悟

不因求同而避异，不因有异而不和，在思想、创作、生活等诸方面，韩柳两人互相帮助，但在认识不同的问题上又常能展开批评。韩柳两人无论从身世、经历，还是思想、个性，差别甚大，但同为文人，都有一颗正直、坦荡的心，故虽然政见不同，却堪称知遇之楷模。

■ 史海撷英

牛李党争

牛李党争是发生在唐朝后期统治集团内部争权夺利的宗派斗争，也被称为"朋党之争"。"牛党"是指以牛僧孺、李宗闵为首的官僚集团，"李党"则是指以李德裕为首的官僚集团。牛党大多是科举出身，属于庶族地主，因而门第较卑微，都是靠寒窗苦读考取进士后获得官职的；而李党大多出身于世家大族，门第显赫，往往依靠父祖的高官地位而进入官场，称为"门荫"出身。

这两派官员之间互相倾轧，争吵不休，从唐宪宗时期开始，一直到唐宣宗时期才结束，闹了将近40年。

牛李党争也是唐朝末年高官争权的现象，唐文宗曾有"去朝廷朋党实难"的感慨。可以说，牛李党争令本来就腐朽衰落的唐王朝加快了走向灭亡的速度。

■ 文苑拾萃

调张籍

（唐）韩愈

李杜文章在，光焰万丈长。

患难知心

不知群儿愚，那用故谤伤。
蚍蜉撼大树，可笑不自量。
伊我生其后，举颈遥相望。
夜梦多见之，昼思反微茫。
徒观斧凿痕，不瞩治水航。
想当施手时，巨刃磨天扬。
垠崖划崩豁，乾坤摆雷硠。
惟此两夫子，家居率荒凉。
帝欲长吟哦，故遣起且僵。
剪翎送笼中，使看百鸟翔。
平生千万篇，金薤垂琳琅。
仙官敕七丁，雷电下取将。
流落人间者，太山一毫芒。
我愿生两翅，捕逐出八荒。
精诚忽交通，百怪入我肠。
刺手拔鲸牙，举瓢酌天浆。
腾身跨汗漫，不着织女襄。
顾语地上友，经营无太忙。
乞君飞霞佩，与我高颉颃。

争辩一生亦好友

朱熹（1130—1200），字元晦，一字仲晦，号晦庵、晦翁、考亭先生、云谷老人、沧洲病叟、逆翁。汉族，南宋徽州婺源（今属江西省婺源县）人。朱熹19岁进士及第，曾任荆湖南路安抚使，仕至宝文阁待制。为政期间，他申敕令，惩奸吏，政绩显赫。朱熹还是南宋著名的理学家、思想家、哲学家、教育家、诗人，闽学派的代表人物，世称朱子，是继孔子、孟子以来最杰出的弘扬儒学的大师。

理学的发展可以追溯到北宋时期，由北宋程颢、程颐两兄弟创立，到南宋的朱熹形成了程朱理学。当时，朱熹遇到了一个志气相投，但观念不同的"论敌"好友——陆九渊。

朱熹是婺源（今江西婺源）人，是继孔子以后在我国封建社会里影响最大的唯心主义哲学家。他的学问渊博，著作很多，其哲学思想体系中的基本范畴是"理"。他认为，"理"是万物生成的本源，而"气"则是构成万物的材料，并认为"有理而后有气"。

陆九渊是抚州金溪（今江西金溪）人，是一个唯心主义的哲学家，提出"心即理也"的理论，认为"心是天地万物的本源"。他说："四方

上下曰宇，古往今来曰宙，宇宙便是吾心，吾心即是宇宙。"朱熹和陆九渊都是当时颇有影响的学者，学术观点针锋相对，常常发生争论，彼此之间唇枪舌剑，据理争论，互不相让，争论了十几年没有个结果。

南宋淳熙二年（1175年），吕祖谦为了调和朱熹与陆九渊的思想分歧，使之"会归于一"，特邀朱熹与陆九龄、陆九渊兄弟等到信州铅山鹅湖寺相会，讨论学术问题。这就是我国哲学史上有名的"鹅湖之会"。

朱熹将封建的伦理纲常说成是客观存在的天理，而陆九渊则将封建伦理纲常说成是人所固有的本心。但是，他们争论的根本目的都是要人民安于现状而不起来反抗。

在教育学生上，两人的见解也不同，朱熹旗帜鲜明地提出了自己的见解："要教育学生明白道理，必须多读书。"陆九渊则针锋相对地提出："道理存在于人们的思维中，书读多了反而糊涂。"朱熹不同意这种观点，拍案而起："读书不破万卷书，怎能有出息？"陆九渊简直怒发冲冠，他坚持说："书籍堆积如山，何年何月才能读完？"

这场争论，两人都声高颜厉，面红耳赤，争吵得不可开交。但是多次的思想交锋、学术论辩却始终未能"会归于一"，这体现了双方各自学说思想的特点。

但是，朱熹和陆九渊哲学思想和治学思想上的分歧、无数次的争论，并没有妨碍他们之间的友情，反而在争论中加深了友谊，成了论敌相知的好朋友。他们两人互拜为师，互相学习，互相帮助，取长补短，完全没有门户之见。

淳熙四年，陆氏兄弟的母亲病逝了，他们在有关丧葬祭礼仪方面遇到了一些问题，于是便写信向朱熹请教。这样，修书往来，朱熹和二陆的联系一直未断。其间，陆九龄对朱熹的理学思想有了新的认识，曾以"负荆请罪"之心情再访铅山，与朱熹相交论道，两人大有志同道合之意。正是在这种气氛下，朱熹和诗：

> 德义风流夙所钦，别离三载更关心。
> 偶扶藜杖出寒谷，又枉蓝舆度远岑。
> 旧学商量加邃密，新知培养转深沉。
> 只愁说到无言处，不信人间有古今。

在这首诗中，朱熹表达了对陆氏风度的赞扬以及对他为学的一番忠告，充分表现了一位历经沧桑的长者对后学的赏识和提点，可谓有礼有节。

后来，朱熹在庐山脚下重修了"白鹿洞书院"。他不但自己亲自讲学，还热情邀请陆九渊前来为学生讲学。而"论敌"陆九渊也欣然前往，并深刻细致地剖析了当时科举制度的种种弊端，使许多身受其害的学生很受教育，有的竟痛哭流涕，悔恨莫及。而朱熹对他讲的课非常赞赏，还将陆九渊的治学警句镌刻在石碑上，立于"白鹿洞书院"门口。

■故事感悟

有时候，人需要一面镜子来审视自己，这面镜子可能是你的敌人，也可能是你的朋友。朱熹与陆九渊虽是论敌，观点不同，但丝毫没有影响两人的友谊。在激烈的辩论中，两人的学术研究不仅更进一步，友谊也日益加深！

■史海撷英

程朱理学的发展

程朱理学也称程朱道学，是宋明理学的主要派别之一，也是理学各派中对后世影响最大的学派之一。

程朱理学由北宋的二程（程颢、程颐）兄弟创立，其间经过弟子杨时，再传罗从彦，三传李侗，到南宋朱熹时基本完成。从广义上讲，程朱理学也包括由朱熹摄入的北宋"五子"（周敦颐、邵雍、张载和二程）的学说，并延伸到朱熹的弟子、后学及其整个程朱信奉者的思想。由于朱熹是这一派别的最大代表，因此该学派又简称为朱子学。

　　程朱理学在南宋后期开始为统治阶级所接受和推崇，经元代到明清时期正式成为国家的统治思想。

同窗好友各为主

陈赓(1903—1961),籍贯湖南湘乡市龙洞乡泉湖村。陈赓是一位久经考验的忠诚的共产主义战士,杰出的无产阶级革命家、军事家,中国人民解放军的卓越领导人,新中国国防科技、教育事业的奠基者之一。他历经北伐、南昌起义、长征、抗日战争、解放战争,为中国人民的解放事业立下了汗马功劳。

陈赓和宋希濂都是湖南湘乡人,都是黄埔军校一期的学生。陈赓是中国人民解放军杰出的军事指挥员,而宋希濂曾是国民党的"鹰犬将军"。他们走的虽然是政见不同的道路,但彼此之间却有着深厚的个人友情。

宋希濂,字荫国,1907年生于湖南省湘乡溪口,1921年考入长沙长郡中学,与同学曾三共同创办了《雷声》墙报,所刊文章洋溢着爱国热情。

1924年,宋希濂与其他考入陆军讲武堂的湖南考生一道辗转来到广州,路上结识了陈赓。在去广州的路上,两人结伴而行。陈赓丰富的阅历、幽默豪爽的性格,很快就在这些老乡中树立了威望,因此与李默庵一道被推为众人之首。当时陆军军官学校正在招生,陈赓非常高兴,

拉着宋希濂一同报了名。进入黄浦军校后，两人共同参加了第一、二次东征及平定商团和杨希闵、刘震寰叛变等革命战争。

1926年2月的一天，陈赓前去走访驻兵潮州的宋希濂，两人畅谈了两个多小时。当时的陈赓早已是共产党员了，他希望宋希濂也参加共产党，宋希濂表示同意。宋希濂接受了第一师二团团长之职，受共产党员金佛庄的直接领导。但后来由于中山舰事件的发生，陈赓由党秘密派往苏联远东红军学习保卫工作，两人失掉了联系，宋希濂却逐渐向蒋介石靠拢。当蒋介石发动"四一二"反革命政变后，宋希濂便与陈赓分道扬镳了。

1936年西安事变后，宋希濂与陈赓相见。那时，两人都已成为指挥千军万马的高级将领了，一个是红军师长，一个是国民党师长。两人久别重逢，共叙往事。陈赓风趣地说："十年内战，干戈相见，现在又走到一起来了！这该给日本鬼子记上一功啊！"他们谈笑风生，分析当时的局势，互相勉励，要在抗日的战场上奋勇杀敌。在以后的抗日战争中，陈赓在敌后战场，宋希濂在正面战场，率军浴血奋战，打了许多漂亮仗，威震敌胆，两人均成为赫赫有名的抗日将领。

1949年12月，四川解放前夕，当时任国民党华中"剿总"副总司令、伪川湘鄂绥靖公署中将主任的宋希濂，在四川峨边大渡河畔的沙坪被解放军俘虏，关押在重庆磁器口白公馆。当时任云南军区司令员和云南省人民政府主席的陈赓，特地从云南来看望宋希濂等人。这使宋希濂既高兴又惭愧。高兴的是，陈赓不忘旧日的友情，身居高位还能来看狱中的老同学、老朋友；惭愧的是，自己当年未能跟随陈赓去为穷人打天下，反而追随蒋介石与人民为敌，终至成了一个历史的罪人。

陈赓见到宋希濂后，立刻笑容满面地迎上去同宋握手，仍像过去那样爽朗地笑着说："你好啊！我们又好久没见面了，看见你身体这样好，我很高兴!"宋希濂激动地说:"惭愧得很,没想到你还会来看我。"两人共进午餐,畅谈了6个多小时。他们分析了当时的国内外形势,陈赓勉励宋希濂好好改造,亲切地嘱咐他不要有任何思想负担,这使宋希濂很受感动。

1959年,最高人民法院宣布特赦令,宋希濂作为第一批战犯被释放了。在出狱那天,陈赓专程到监狱去接宋希濂,宋希濂见到陈赓后激动不已,说道:"真没想到会有今天。我对人民犯下了滔天罪行,而共产党对我还如此宽大。"陈赓说:"两军相争,各为其主嘛。我党政策历来是既往不咎,只要改悔认错,任何人都可以得到宽大处理。"宋希濂为陈赓对他的关心和鼓励感动得流下了眼泪。陈赓还邀请宋希濂到家做客,详细询问宋的家庭情况,态度真挚,使宋希濂对陈赓忠心耿耿的革命精神和对自己的坦诚教育关怀深表钦佩和感激,决心在后半生里为祖国的建设与富强尽自己的一份力量。

1961年3月17日,陈赓大将不幸因病逝世。宋希濂默默地站在陈赓遗体旁,禁不住老泪纵横,并亲自写文章缅怀陈赓。

■ 故事感悟

陈赓与宋希濂各为其主,政治见解不同,但由于年少的同窗情谊,更出于同样的爱国热情,使两位将军之间保持了终生的友谊!

■ 史海撷英

沁源围困战

1942年10月,日军第二次侵占了山西省沁源地区,企图使沁源伪化,实现其"山地剿共实验区"的恶毒计划。为此,沁源抗日军民对日军展开了长达两年半的围困战。

　　首先，沁源人民开展了空室清野大行动，把水井填死、碾磨炸毁、粮食运走，隐匿到深山老林中与敌人周旋，使日军失去了赖以生存的物质条件。接着，他们又掀起了"抢粮运动"，组织起来，乘夜摸进敌据点将敌人抢劫的粮食运出来。一夜之间，竟有万余军民出动。后来，人民又发展到"劫敌运动"，不仅夺回了被敌人抢走的羊、牛和其他财物，连敌人的军用物资衣服靴也都"劫"回来了，令敌人惊恐万状，惶惶不可终日。而且，他们还在敌人的补给线上到处埋石雷，给了敌人一次又一次的沉重打击。尤其是在1945年3月的"总围困"中，沁源军民将1.5万颗地雷、石雷布在城关、交通要道，将其封锁起来，结果炸死敌人940多人。4月11日，敌人在付出了惨重的代价后，狼狈而逃。沁源围困战中，我抗日军民先后作战2700余次，毙伤日伪军4000多人，俘获日伪军200余名，解救被抓群众达1700余人。

　　沁源围困战的胜利也成为中外战争史上的奇迹，成功地创造了对占领我腹心地区敌人进行斗争的典范，受到了中共中央的重视和表彰。1944年1月17日，党中央机关报《解放日报》特地发表了《向沁源军民致敬》的社论，指出："模范的沁源，坚强不屈的沁源，是太岳抗日民主根据地的一面旗帜，是敌后抗战中的模范典型之一。"

◘ 文苑拾萃

白公馆

　　白公馆位于重庆市，原来是四川军阀白驹的别墅，故而得名。1938年，国民党军统局用30两黄金将其买下。1939年，军统将其改为军统局本部直属看守所，称为军统重庆看守所，主要用来关押国民党政府认为级别较高的政治犯。

1943年，中美合作所成立后，白公馆内的犯人被迁移到渣滓洞，白公馆遂改名为中美合作所第三招待所，主要供美方人员居住。第二次世界大战结束后，中美合作所撤销，美方人员回国，白公馆才又重新恢复为看守所。而且，军统又将西南的军统集中营、息烽监狱、望龙门看守所、渣滓洞看守所合并，成立了白公馆看守所，后来又被称为国防部保密局看守所。

在白公馆院内的墙壁上，写着"进思进忠、退思补过""正其宜不计其利，明其道不计其功"等标语，原地下贮藏室后来被改为地牢，原防空洞被改为刑讯室，住房被改为牢房。白公馆曾经关押过黄显声、同济大学校长周均时，还关押过廖承志、中共党员宋绮云、徐林侠夫妇及幼子"小萝卜头"等人，关押的政治犯最多时达200多人。

第五篇
道义之交

鲍叔牙不计前嫌

鲍叔牙（约公元前723—前644），姒姓，鲍氏，字叔牙，亦称鲍叔、鲍子。颍上（今属安徽）人。春秋时齐国大夫，官至宰相，以知人善交著称。鲍叔牙自青年时即与管仲交好，知管仲贤。齐桓公即位，齐桓公任命管仲为相，而成霸业。

在西周之后，便是战乱频起的春秋战国。春秋时期为公元前770年至公元前476年，战国时期为公元前475年至公元前221年，而周的统治在名义上一直延续到公元前256年，也即周赧王五十九年。这就是说，周王朝从实有其名直至徒有虚名共延续了801年，是中国历史上延续时间最长的朝代。

鲍叔牙是春秋时的人物，他是齐桓公的臣子。齐桓公是齐国国君，公元前685年即位。齐桓公所处的那个时代，周天子已经国失重地，军无劲旅，日衰一日，积弱难强。可是诸侯中的一些大国渐渐强大，互相争强斗胜起来。

齐桓公是先后出现的春秋五霸中第一个称霸的诸侯。春秋时期，诸侯称霸的首要标志就是能够召集其他诸侯国国君会盟（开会盟誓），让

大家尊敬正统的周王朝，并按时向周天子进贡，同时联合起来讨伐那些不尊重且不向周天子进贡的国家。这就叫"尊王攘夷"。

齐桓公曾九次召集诸侯会盟，所谓"九合诸侯，一匡天下"。他能有这样的成就，完全得益于辅助他的几位贤才，其中最有功劳的当属管仲，而把管仲推荐给桓公的就是鲍叔牙。当时，齐桓公的哥哥齐襄公十分昏庸，整日吃喝玩乐，滥杀无辜，朝中人人自危，纷纷逃难。一些有才能的大臣各自拥护着几位公子远离故土，出走他乡。其中，管仲护卫着公子纠逃到齐国的近邻鲁国（山东曲阜一带），鲍叔牙护卫着公子小白（即后来的齐桓公）逃到附近的莒国（山东莒县）。

齐襄公在国内搞得天怒人怨，有一次在贝丘打猎时，被他手下的军官连称和管至杀死在馆舍。后来，此二人和新立的国君又被齐国大臣杀死。

在鲁国避难的公子纠听到消息，就和鲁庄公商议回国的事。鲁庄公让曹沫为将，送纠回国。这时，和纠在一起的管仲对纠说："公子小白在莒国，离齐国很近，如果让他抢先赶回去继位就麻烦了。"

鲁庄公便依照管仲的要求，让他带几十辆战车先行一步。

果不其然，公子小白这时在鲍叔牙的护卫下，正奔驰在由莒国到齐国都城临淄的路上。两队人马在莒齐的边境上不期而遇，这下可热闹了。

管仲气呼呼地问："你们上哪儿去？"

"回国办丧事。"小白警惕地回答。

"这事儿你哥哥会处理的。"管仲毫不客气地说。

鲍叔牙这时也顾不得往日和管仲一起做买卖的苦日子中所结下的情谊了，便说："你管得着吗？各办各的事。"旁边的士兵也把兵器敲得震天响。

管仲见势不妙，回马就走。

小白、鲍叔牙放心大胆地正要赶路，却不料管仲悄悄地张弓搭箭，然后趁小白不注意，向小白射出一箭。只听嗖的一声，小白口吐鲜血，倒在车上。

管仲及公子纠一行一看小白已被射死，终于放下一颗悬着的心，不紧不慢地向齐国都城临淄赶路。公子纠一行六天后才赶到都城下，抬头一看，城门紧闭。细问，才知小白已抢先回国继了位。

原来，管仲那箭不偏不倚正射在小白衣服的铜带钩上，小白索性把舌头咬破，做了个口吐鲜血而亡的假象，骗得管仲一行慢悠悠地落下了行程。

这时，护送公子纠的鲁国队伍还集结在齐国的边境上不退，齐军集中优势兵力把鲁军打了个落花流水。齐军大队人马迅速开进鲁国，要求鲁国杀死公子纠，交出管仲到齐国接受惩处。

鲁君无奈，只好把公子纠的人头以及困在囚车中的管仲一起交给齐军。

鲍叔牙得知管仲被押回齐国，立即向齐桓公（小白）推荐管仲，希望桓公重用他。桓公恨恨地说道："他放冷箭想要我的命，我反过来给他爵禄，这不是疯了吗？"

鲍叔牙开导他说："那时是各为其主，他那样也是忠心。您若赦免他，他这忠心还是可用的。再说了，您不是想成就霸业吗？如果仅仅治理一个齐国，有我就足够了，但要成就霸业，非管仲不可。"

齐桓公若有所悟地点点头，然后马上拜管仲为相，位在鲍叔牙之上。

管仲感慨地说："我曾和鲍叔牙一起打仗，冲锋陷阵老不敢在前，鲍叔牙不以我为怯，因为他知道我家中还有老母需要我供养；我曾和鲍叔牙一起做买卖，我老是多分一些利润，鲍叔牙不以我为贪，因为他知道我家贫需要钱；我辅佐公子纠，公子纠死而我独活，鲍叔牙不以我为耻，因为他知道我有更大的抱负需要施展。生我者父母，知我者鲍叔牙也。"

后世将他们二人的交往视为典范，称为"管鲍之交"。

■故事感悟

鲍叔牙不忌恨管仲,反而向齐桓公推荐管仲,这样的胸襟气度实在难得。"管鲍之交"也被后人所称赞。

■史海撷英

管仲改革

春秋前期,齐桓公任用管仲为相进行改革。改革的内容主要是"相地而衰征",就是把田地按土质好坏、产量多少分为若干等级,按等级高低征取数量不等的实物税,从而增加了国家的赋税收入,客观上打破了井田的界限,加速了井田制的瓦解。这些实际上都是承认了私田的合法性;"作内政而寓军令",就是把居民的组织和军队的编制统一起来;士农工商分居,职业世代相传,保证了社会生产,也避免了人们因谋职业而使社会动荡不安。

管仲的改革措施使齐国的经济迅速发展,国力也迅速强盛,外交策略也相当成功。齐国恩威并用,各国诸侯都尊重齐国,从而使齐桓公成为春秋时期的第一个霸主。

■文苑拾萃

鲍 山

(宋)曾巩

云中一点鲍山青,东望能令两眼明。
若道人心似矛戟,山前哪得叔牙城。

写绝交书而未绝交

> 山涛(205—283),字巨源。河内怀县(今河南武陟西)人。山涛好老庄学说,与嵇康、阮籍等交游,在"竹林七贤"中年龄最大。他投靠司马氏,历任吏部尚书、尚书右仆射等职。他仕途平步青云,生活非常节俭。

三国时期的曹魏末年,曹氏集团与司马氏集团为争夺国家的统治权彼此明争暗斗,导致官场异常腐败,许多有才学的人都因不想混迹其中而逃避现实。其中,有七个有名的文人,他们是阮籍、嵇康、山涛、向秀、刘伶、阮咸、王戎。这七个人为了远离世俗,经常在竹林里闲游,试图寻找乱世中的一份清静。历史上将这七个人称为"竹林七贤"。虽然他们的行为很古怪,但他们都是信守诺言、不畏强权、品德高尚的人。

当时的朝廷表面上是曹操的后代掌权,实际朝中的大权却把持在丞相司马昭手中,司马昭甚至还暗中谋划夺取帝位。为了扩大势力,争取社会名流的支持,司马昭还请"竹林七贤"出来做官。他首先请的就是山涛,由于司马昭的祖母是山涛的堂姑祖母,因此山涛也不好拒绝,只好答应。

后来，山涛又推荐自己的朋友嵇康到朝中做官。但由于事先没有征求嵇康的同意，嵇康非常生气，就写了一封信给山涛。在这封信中，嵇康不但责备了山涛，还猛烈地批评了当时的司马氏集团。这封信就是《与山巨源绝交书》。

山涛知道，嵇康其实是个诚实正直、清高直爽的人，并不会把这件事放在心上，因此他还是与嵇康保持着真挚的友情。但是，这件事却让司马昭对嵇康怀恨在心。

后来，有一个名叫钟会的势利小人在司马昭面前说了嵇康的坏话，司马昭就随便找了个理由将嵇康逮捕入狱，还判处了嵇康死刑。消息传出后，洛阳城里的好多人都为嵇康求情，山涛也几次上书司马昭，请求为嵇康减免罪行，但司马昭都没有答应。

嵇康在临死之前，将自己年仅10岁的儿子嵇绍托付给山涛，山涛很爽快地就答应了。嵇康把儿子叫到跟前，说："你山涛伯伯是个值得信赖的人。只要他在，你就不是没有父亲的孤儿，他会像父亲一样照顾你。"

果然，山涛信守诺言，嵇康死后，他不怕司马氏集团把他和嵇康当成一伙儿的，对嵇康一家老小尽心照顾，把嵇康的儿子更是当成自己的亲生儿子一样看待。

十几年后，司马炎当了皇帝，朝廷的混乱现象也有所扭转。这时，山涛便上书给司马炎说："父亲有罪，和儿子没有关系。嵇绍现在已经长大成人，并且品德高尚，才华横溢，应该给予重用。"司马炎采纳了山涛的意见，任命嵇绍为秘书郎。

◼故事感悟

嵇康虽作《与山巨源绝交书》，但与其真正的友谊并没有就此而终止。

日后，嵇康托孤，山涛善待嵇康之子，并举荐他入朝为官，实乃真朋友也！

■史海撷英

司马昭之心，路人皆知

司马昭是三国时期魏国人，其父司马懿是魏国的大将。魏文帝曹丕死后，魏国的大权实际上就落到了司马懿的手中。

司马懿死后，他的大儿子司马师辅助13岁的皇帝曹髦，权势比司马懿更大，但没多久就病死了。司马师在病重时，将一切权力都交给了自己的弟弟司马昭。

司马昭在总揽大权后，野心更大，总想取代曹髦。他不断铲除异己，打击政敌。年轻的曹髦也知道，自己即便是做了"傀儡"皇帝，也休想长久，迟早都会被司马昭除掉，因此打算铤而走险，用突然袭击的办法杀掉司马昭。

一天，曹髦将跟随自己的心腹大臣找来，说："司马昭之心，路人皆知也。我不能白白地忍受被推翻的耻辱，我要你们同我一道去讨伐他。"几位大臣都知道，曹髦这样做简直就是飞蛾投火，因此都劝他暂时忍耐。但曹髦不听劝告，亲自率领左右仆从、侍卫数百人去袭击司马昭。谁知大臣中早有人将这一消息报告给了司马昭。司马昭立即派兵阻截，把曹髦杀掉了。

■文苑拾萃

幽愤诗

（晋）嵇康

嗟余薄祜，少遭不造。
哀茕靡识，越在襁褓。

母兄鞠育，有慈无威。
恃忧肆妲，不训不师。
爰及冠带，凭宠自放。
抗心希古，任其所尚。
托好老庄，贱物贵身。
志在守朴，养素全真。
曰余不敏，好善闇人。
子玉之败，屡增惟尘。
大人含弘，藏垢怀耻。
民之多僻，政不由己。
惟此褊心，显明臧否。
感悟思愆，怛若创痏。
欲寡其过，谤议沸腾。
性不伤物，频致怨憎。
昔惭柳惠，今愧孙登。
内负宿心，外忝良朋。
仰慕严郑，乐道闲居。
与世无营，神气晏如。
咨予不淑，婴累多虞。
匪降自天，寔由顽疎。
理弊患结，卒致囹圄。
对答鄙讯，縶此幽阻。
实耻讼冤，时不我与。
虽曰义直，神辱志沮。
澡身沧浪，岂云能补。
嗈嗈鸣雁，奋翼北游。
顺时而动，得意忘忧。

嗟我愤叹，曾莫能俦。
事与愿违，遘兹淹留。
穷达有命，亦又何求。
古人有言，善莫近名。
奉时恭默，咎悔不生。
万石周慎，安亲保荣。
世务纷纭，祇搅予情。
安乐必诫，乃终利贞。
煌煌灵芝，一生三秀。
予独何为，有志不就。
惩难思复，心焉内疚。
庶勖将来，无馨无臭。
采薇山阿，散发岩岫。
永啸长吟，颐性养寿。

第六篇

诤友有益

信陵君交贤友

信陵君（？—前243），姬姓，魏氏，名无忌。战国时代魏国人，魏昭王的儿子，魏安釐王同父异母的弟弟。信陵君是战国时期著名的政治家、军事家，魏安釐王时期官至魏国上将军，和赵国平原君赵胜、齐国孟尝君田文、楚国春申君黄歇合称为"战国四公子"，论排位信陵君为四公子之首。

信陵君魏无忌是魏安釐王的异母弟弟，战国时期著名的四公子之一。他窃符救赵，调动魏军迫使围攻赵都邯郸的秦兵退却，受到赵国上下的称颂。但他担心兄长魏王追究他窃取兵符的罪责，便在赵国长期地住了下来。

信陵君礼贤下士，广交好友，善识人才，天下闻名。留赵后，他依然四处招纳贤士，结交五湖四海的朋友。当他听说赵国的处士（不做官的士人）毛公、薛公素有贤才，胸有谋略，颇有远见，便派人去召请。但毛、薛二人有意躲避，不肯来见信陵君。信陵君托人四处查寻，听说毛公藏身于赌徒之中，便一个人秘密地到赌徒中去察访，终于结识了毛公。又打听到薛公藏身于卖酒人家，于是又独自悄悄地到卖酒人家去寻访，终于也结识了薛公。

信陵君每天都与毛、薛二人促膝交谈，谈论天下大事。二人也是侃侃而谈，识见高远，睿智启人，让信陵君很是受益，于是将二位视为知己。

赵惠文王的兄弟平原君获悉信陵君不顾自己的身份，经常出入于赌徒之中和卖酒人家，就对自己的夫人说："以前听说你的弟弟信陵君为人天下无双，今天看来，简直就是徒有虚名，实际上是个行为荒唐的人！"平原君夫人就将丈夫的一番话转告给了信陵君。信陵君听后不禁一笑，说："看人识士，不能只看出身门第。我在魏国时，就听说了毛、薛二公的贤名英才，十分仰慕；来赵后，更是一直渴望拜识。为了实现这个愿望，我才不顾身份出入那些地方。既然平原君耻笑我，不愿与我这种行为荒唐的人交往，那我也该知趣地离开这儿了！"

平原君听说信陵君要离开，知道是自己说错了话，便亲自登门谢罪，盛赞信陵君知人交友的美德，并再三挽留信陵君。于是，信陵君仍然留在赵国，名望也更大了，许多贤人学士都慕名投到他的名下。

信陵君在赵留达10年之久，秦国见信陵君不再归魏，就乘机发兵攻魏，魏王急忙派人到赵国把信陵君请回国。可是，信陵君担心魏王不会原谅他过去的窃符之罪，所以不准备回魏国。他还告诫自己的下人：有谁敢为魏王使者通报，立即处死！门客大多是跟随他离开魏国而在赵国定居的，他们也考虑到自己的利害，所以谁都不敢去劝说信陵君。

这时，毛、薛二公却不避杀头之险，挺身而出，坚决向信陵君陈述自己的意见。信陵君见到毛、薛二公很生气，责问他们：你们难道不知道我的告诫吗？你们是要置我于死地吗？毛、薛二公毫不畏惧，凛然正色地说："公子知遇我等，视为知己，谊重如山。做真正的朋友，就要为朋友的大处着想，我们正是为公子的前途名誉才挺身冒死来谏的。请公子想一想，现在魏国有难而公子不愿救难，公子是魏国人，魏王是公子的兄长。假如秦军破了大梁，灭了魏国，那时公子还有什么面目见天下人呢？"这一番慷慨陈词说得信陵君顿然醒悟，内心也深受触动，他连连赞叹地说："对啊！你们说得太好了，真是令我茅塞顿开的良师益友啊！"

于是，信陵君动身归救魏国。魏王见到信陵君，不仅不追究当时盗符之事，还把上将军的印信授给信陵君。信陵君接受任命后，派使者遍告诸侯。诸侯各国都听说魏国的信陵公子为将，觉得破秦大有希望，欣然同意遣兵协助。于是，信陵君率齐、楚、赵、韩、燕、魏六国联军，大破秦军于黄河之南，打退了秦国的大将蒙骜，并乘胜追击，直逼函谷关。

这样一来，信陵君更是威震天下了，人们都称他"天下无双"，称他的兵法为"魏公子兵法"。而信陵君自己却深感毛、薛二公在关键时刻的教导之情，同时也体会到了诤友良师的重要性。

■故事感悟

信陵君礼贤下士，但在拯救国家的大事上却犯了糊涂。幸好得到知己好友毛、薛二公的劝诫，才得以成就他"天下无双"的美名。做真正的朋友就要敢于直指朋友的错误，而不是阿谀奉承、谄媚好友！

■史海撷英

信陵君的情报网

有一次，信陵君与魏安釐王正在下棋，北方边境传来警报，说赵国发兵进犯，正准备进入魏国边境。魏安釐王马上放下棋子，准备召集大臣商议对策。然而信陵君却劝阻魏安釐王说，这只是赵王在打猎，并不是进犯边境，又接着和魏安釐王下棋。此时的魏安釐王惊恐不安，无心再下。

不久，北方又传来消息，证实了信陵君的话。魏安釐王大感惊诧，问信陵君是怎么知道的。信陵君告诉魏安釐王，他的门客中有能深入探听赵王秘密的能人，可以随时向他报告赵王的行动。从此以后，魏安釐王更加畏惧信陵君的贤能，不敢将国事交予他处理了。

□文苑拾萃

侠客行

（唐）李白

赵客缦胡缨，吴钩霜雪明。
银鞍照白马，飒沓如流星。
十步杀一人，千里不留行。
事了拂衣去，深藏身与名。
闲过信陵饮，脱剑膝前横。
将炙啖朱亥，持觞劝侯嬴。
三杯吐然诺，五岳倒为轻。
眼花耳热后，意气素霓生。
救赵挥金槌，邯郸先震惊。
千秋二壮士，烜赫大梁城。
纵死侠骨香，不惭世上英。
谁能书阁下，白首太玄经？

吕岱诚恳觅诤友

吕岱（161—256），字定公。广陵郡海陵（今江苏泰州市）人。三国时吴国一位开疆拓土的高寿名将。吕岱初为郡县小吏，汉末避乱南渡，投效孙权帐下，得到重用，先后被封为昭信中郎将、庐陵太守。吕岱一生统兵作战，到80岁还战于沙场，张承把他比喻为周朝初年的周公旦。孙亮继位后，吕岱官至大司马。256年，吕岱病故，终年96岁。他的儿子遵照遗嘱，以"素棺、疏巾"将其葬于高阳荡（今如皋林梓镇北）。

吕岱是三国时孙吴的将领，他一生屡立战功，80岁时还在统兵作战。吕岱不仅以年高领兵出名，更以诚选益友著称。

吕岱很早就认识吴郡的徐原，几次听徐原慷慨陈词，觉得他是个富有正义感的人。后来又经过不断的接触，发现他志向远大，才略非凡，便同他成了朋友。吕岱知道徐原家境贫寒，就带衣物去看望。吕岱认为徐原可成大器，就经常同他促膝谈心，激励他尽忠报国。

在吕岱的推荐下，徐原做了官。因为他主持正义，又有才能，很快就被提拔为监察政务的侍御史。徐原为人直率，有话直说，对吕岱更是毫不客气。只要吕岱做事不妥，他就前去劝阻，当面批评，毫不讲情面，甚至语言刻薄，不管你能否接受得了。吕岱呢，则认为这是"良药苦口利于病，忠言逆耳利于行"。他把徐原看成是一面不可多得的镜子，从这面镜子里看到了自己的形象，知道了哪是对、哪是错，也避免了很多大的过失。

有人很不理解地对吕岱说："徐原对您太不留情了，亏您还推荐了他！"吕岱感叹地说："这也正是我尊重徐原的缘故啊！"

徐原去世后，吕岱哭得十分悲痛，对劝他的人说："孔子说：'益者三友……友直，友谅，友多闻……'徐德渊（徐原）才真正是我吕岱的益友啊！他死了，谁还能指出我的过失呢！"

后世人常赞美吕岱和徐原的真挚友情。

■故事感悟

交友体现了一个人的思想品质。正直的人喜欢与心直口快的人交朋友，因为他可以从朋友那里听到真话。吕岱不忌讳徐原的直言讽谏，反而更加尊重徐原，这才是对友谊最真切的理解！

■史海撷英

夷陵之战

夷陵之战又称彝陵之战、猇亭之战，是三国时期吴国的孙权和蜀汉的刘备为争夺战略要地荆州八郡而进行的一场战争，也是中国古代战争史上一次著名的积极防御的成功战例。

222年，东吴的孙权占领了荆州，破坏了诸葛亮的隆中战略和刘备统一的条件。刘备如果想灭曹魏或孙吴，依照《隆中对》来说，他都必须夺回荆州，否则他只能依靠蜀道割据一方。无论是为了自己的帝业，还是为了报国仇家恨，刘备都必须夺回荆州。但因他过于急切地想夺回荆州，在没有做好准备的情况下就匆忙发兵了。

经过几次交锋，刘备和孙权的军队互有胜负。后来，吴国的陆逊采取防守的战略，坚守不出。这一战略彻底打乱了刘备速战速决的计划。因为蜀国位于丘陵地区，运粮十分不便；再加上当时的天气十分闷热，蜀军士气十分低落。于是，刘备就命令士兵驻守在树林的茂密之处，并且将营地连起来驻守。陆逊认为机会已到，便发动袭击，火烧连营七百里，最终打败了蜀军。

□文苑拾萃

《天发神谶碑》

《天发神谶碑》也叫《天玺纪功碑》《吴孙皓纪功碑》，俗称《三段碑》，传为皇象所书。

关于此碑，还有这样一个记载：264年，三国吴孙皓继帝位，由于他残暴昏庸，政局日益不稳。276年，国号改元天玺。为稳定人心，便伪称天降神谶文，以为吴国祥瑞。碑文被刻在一块巨大的矮圆幢形石上，立于江宁（今南京）天禧寺。后来，碑石断为三截，故名《三截碑》。也有人说这块碑乃是三块石头垒成的，并不是断裂。清嘉庆十年（1805年）三月，此碑毁于火灾。

这块碑的建立与迷信有关，而碑文的书写也很奇异。碑文虽为篆书，但不同于任何篆书面目，康有为曾惊叹它为"奇书惊世"。张叔未则说："吴《天玺纪功碑》雄奇变化，沉着痛快，如折古刀，如断古钗，为两汉来不可无一不能有二之第一佳迹。"

碑文中的书法起笔方重，有隶书的笔意，转折处则外方内圆，下垂处呈悬针状，森森然如武库戈戟，凌然而不可侵犯。后世的篆刻家都很受此碑启发，多取此碑的笔意入印。赵之谦"丁文蔚"一印便有此意味。后世认为，赵之谦的这方印还启发了齐白石，从而形成了大刀阔斧、斩钉截铁的齐派篆刻风格。

苏章诚意劝友自首

苏章（生卒年不详），字儒文。东汉扶风平陵（今属陕西咸阳西北）人。年少博学，善作文，曾负笈从师，不惮千里之遥。汉安帝时，举贤良方正，为议郎。

苏章，字儒文，东汉扶风平陵（今陕西咸阳）人。汉安帝时，他曾举贤良方正，任武原令。汉顺帝时，苏章又先后任冀州刺史、并州刺史。在苏章被朝廷派到冀州担任刺史刚刚上任时，有一位瞎眼老人状告清河郡太守贾明贪赃枉法，欺压百姓，残害无辜。苏章看了状纸以后，不禁喃喃自语道："难道是他？"

原来，苏章有一位儿时的好友名字也叫贾明。在他的印象中，贾明与自己一样，从小就立下了报国安民的远大志向。那时候，他们两人经常形影不离，一起读书写字、练功习武，后来，两人又一起出来做官，此后便慢慢失去了联系。

正是由于这个原因，当苏章接到这个状子后就想：难道这个贾明真的是我的那个好友贾明吗？天下同姓同名的人多得很，他不愿意相信；以他儿时对贾明品行的了解，他也不敢相信。一来案情重大，二来案涉好友"贾明"，苏章便决定亲自下去查一查。

其实，苏章的担忧并不是多余的，这个贾明还真就是他儿时的好友贾明。这位贾大人自从担任清河郡太守以后，权高势大，便慢慢开始腐化堕落、贪污受贿、胡作非为起来。至于小时候与苏章共同立下的远大志向，他早已忘得一干二净了。

冀州来了一位新任刺史，贾明是知道的，但他当时并不知道这位新任刺史是谁。他听说有人到刺史府告他的状后，也有些手足无措，主要是担心新任刺史刚一到任时就捅出此事，一来给大人出了难题，二来自己也觉得丢面子。

于是，贾明就让手下帮他出出主意。出的主意倒是很多，比如先把瞎眼老人关起来，把他逐出清河，甚至有人提出把他杀掉，等等，但真正能用的却没有。最后，比较一致的意见是：给那个瞎眼老人一点钱，再跟他说些好话、软话，让他自己把状子撤了。

就在这时，清河郡府衙外面忽然传来一阵喧闹声。原来，几个衙役正在拼命地拦着一个乞丐，不让他进府衙。那乞丐声称自己是贾大人的儿时伙伴，一定要进去见上一面。贾明听到外面吵闹得很厉害，走出来看到求见者原来是个脏兮兮的乞丐，立即吩咐衙役把他哄走了事。

与此同时，贾明的属下也在依计而行，试图用金钱和好话收买瞎眼老人，让他自己撤诉，但却遭到了老人的断然拒绝。软的不行，又来硬的。属下恼羞成怒，对老人大打出手。就在这危急的时刻，那个乞丐又及时赶到，出面劝说，动之以情，晓之以理，救了那位瞎眼的老人。

其实，那位乞丐不是别人，正是新任冀州刺史的苏章。通过这次微服私访，苏章不仅得知清河郡太守贾明就是自己儿时的伙伴，还了解到瞎眼老人所诉之事千真万确。深夜，苏章躺在床上陷入了沉思……他思前想后，彻夜难眠。

而此时的贾明也得到了令他高兴不已的消息——新任冀州刺史不是别人，正是自己儿时的好友苏章，心里的一块石头总算落了地：当年苏章家境贫寒，经常受人欺负，有一次差点被人打死，多亏自己及时出手相救呢！贾明心想：有了这样的生死之交，苏章是绝对不会为难自己的。

想到这里，贾明松了一口气。可是，当贾明把自己的想法告诉属下后，属下却提醒他还是小心为妙，这又弄得贾明不知如何是好了。最终，贾明还是听从了属下的意见，决定备上厚礼，以叙旧为名，亲自到知府去贿赂苏章。

苏章微服私访后，已经知道了贾明的犯罪事实，心里感到很难过。儿时的好友，多年不见，如今终于相见了，却又出了这样的事。朋友犯了法，应该怎么处理才好呢？苏章思来想去，最终决定亲自去劝贾明坦白自首。因此就在苏章微服私访后的第二天，他带着衙役又来到了清河郡。也就是在这一天，贾明准备亲自到冀州府与苏刺史"叙旧"。

就在贾明上轿准备出门之时，苏章忽然派人来邀请贾明到他的下榻之处赴宴。贾明一听，立即喜上眉梢：果然是多年的好友，真是心有灵犀啊！于是，贾明衣冠楚楚地来到苏刺史下榻的馆舍。酒席上，苏章对贾明非常热情，又是劝酒，又是添菜。两个人你一言、我一语，兴致勃勃地谈论着儿时的趣事和友情，谁也看不出两人此时正各怀心事。

酒足饭饱之后，贾明乘着酒兴就对苏章说："苏兄啊，你我虽非同宗同族，但感情却胜过同胞兄弟，您现在来冀州真是太好了！说实话，现在做官的手脚都不怎么干净。您作为我的顶头上司，如果发现我有什么过错的话，还请多多包涵呀！"

患难知心

谁知苏章这时却不动声色地说:"我们今天在此相聚,这是你我之间的私事,所以我们只叙朋友情谊,不谈别的,其他的事以后再说吧!"贾明被苏章的这些话说得一头雾水。苏章则不紧不慢,继续说:"从明天开始,我作为冀州刺史,就要正式办案了!"

贾明听到这里,心里已经有些打鼓了,可他还是不愿意相信自己的猜测,于是又吞吞吐吐地说:"我……不太明白您的意思。"苏章见贾明这样,就故意又问了一句:"你真的不明白?"贾明还是吞吞吐吐地说:"我……我……我真的不明白。"

苏章见贾明如此,便单刀直入地说:"你不要再装糊涂了!我虽然刚刚上任,但已经听说了你这些年贪赃枉法的事,还聚敛了很多不义之财。如果你想争取宽大处理,我劝你还是趁早坦白自首为好。"贾明见苏章已把话挑明,就又嗫嚅地说:"难道您就一点都不念及我们当年的友情,执意要这么为难我吗?"

这时苏章语重心长地说:"既不是我不念当年的友情,更不是我执意要为难你。你要知道,我是皇上派来专门惩治贪官污吏的。贪污腐败现象一日不除,百姓就会遭殃,国家就不会安定。我如果袒护了你,且不说我以后无法去处理别人,最起码也违背了我们做人为官的基本准则。"

"做人也好,为官也好,首要的一点就是诚信。对你的所作所为,如果我装做不知道,也不处理,上不呈报皇上,下不告知百姓,那么,我就是上对皇上不忠,下对百姓不诚,中间对自己不实。如果我们这些为官的都是这样,朝廷将失信于百姓,法律将失信于百姓,我们自己也将失信于百姓。如果真的这样,那岂不'国将不国'了!"

"所以,你还是坦白自首为好,这也是我的忠告。你知道,我这个人向来是坚持诚信为本、依法办事的,绝不会为了庇护一个朋友而去破

111

坏朝廷的王法，更不会违背自己做人的基本准则。今天我就说这么多，你先回去好好想一想吧！"

贾明听了苏章的一席话，低头沉思了一会儿，便急匆匆地告辞了。

第二天天刚亮，贾明就来到了苏章下榻的馆舍，主动向苏章呈交了坦白认罪书，并全部退出了赃款赃物。苏章核实了贾明的犯罪事实，如实上报朝廷，使他受到了应有的处罚。

◼ 故事感悟

好朋友不是相互帮助逃避责任的，而是要在朋友犯错的时候苦口相劝，相互包庇只能助长不正之风！

◼ 史海撷英

汉顺帝当政

东汉时期的第七位皇帝是汉顺帝。汉安帝死后，皇后阎姬无子，于是便先废了安帝的独子济阴王刘保，然后找了个幼儿刘懿当皇帝。阎皇后这样做是想自己垂帘听政，掌握朝政大权。刘懿在做了7个月的皇帝后就死了，于是宦官曹腾、孙程等19人发动了宫廷政变，赶走了阎太后，将时年11岁的刘保拥立为帝，即汉顺帝。而那19位拥立刘保的宦官，自然也被全部封侯。

由于汉顺帝的皇位是靠宦官得来的，所以大权也都被宦官把持，顺帝本人只是个傀儡皇帝。后来，宦官又与外戚梁氏勾结，开始了长达20多年的梁氏专权。宦官、外戚互相勾结，弄权专横，使得汉朝的政治更加腐败，阶级矛盾也日益尖锐，百姓怨声载道，民不聊生。建康元年（144年），汉顺帝死，享年30岁，在位19年。

■文苑拾萃

蔡侯纸

东汉和帝元兴元年（105年），宦官蔡伦在总结前人制造丝织品的经验基础上，在洛阳发明了用树皮、破鱼网、破布、麻头等作原料，制造成了适合书写的植物纤维纸，从而使纸成为当时普遍使用的书写材料。这种纸既便宜质量又高，原料又很容易找到，因此很快就被普遍使用起来。

蔡伦将自己的造纸过程、方法写成奏章，连同造出来的植物纤维纸呈报给汉和帝。和帝大加赞赏，蔡伦的造纸术也很快传开。人们把这种纸称为"蔡侯纸"，全国"莫不从用焉"。

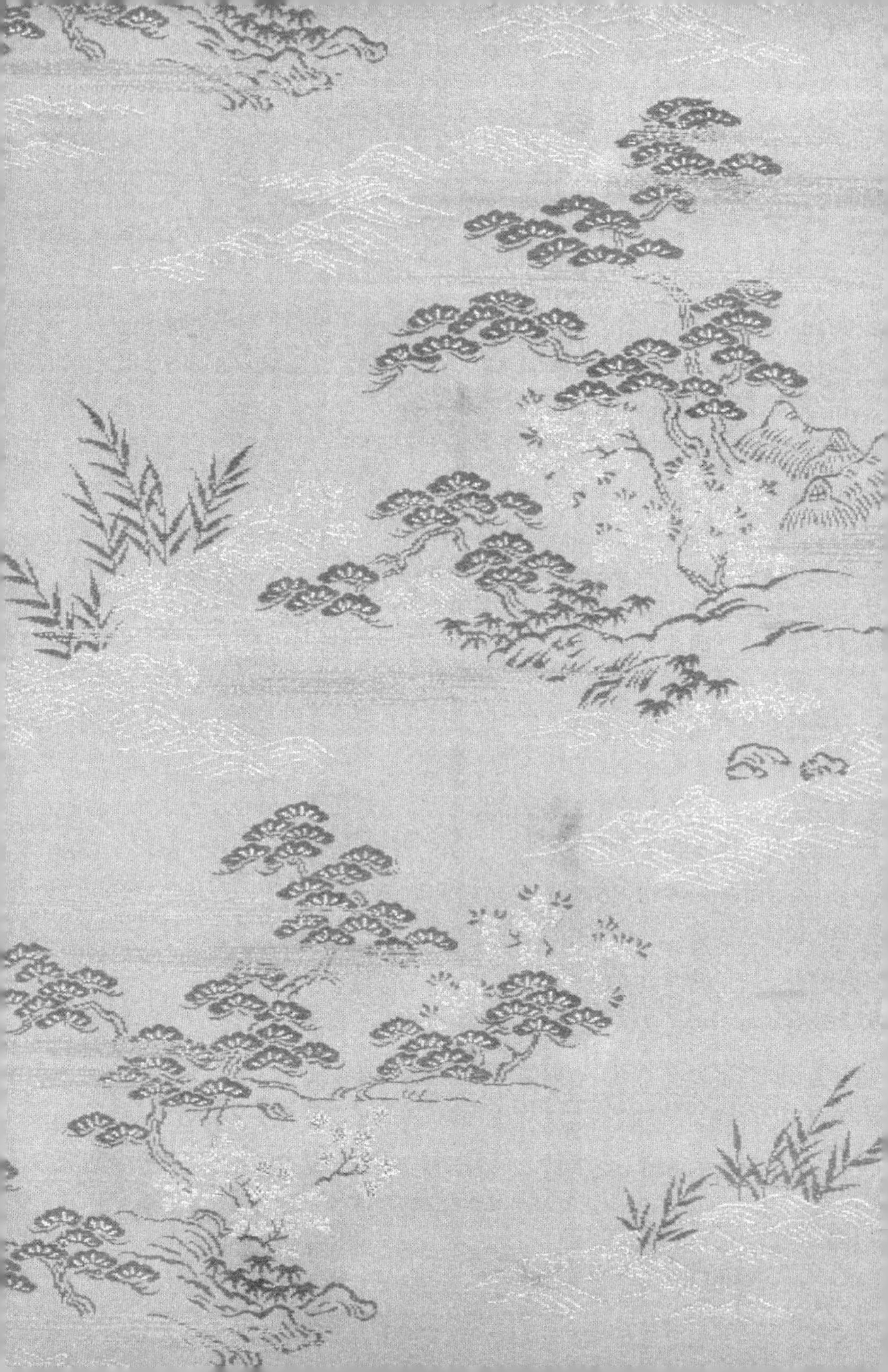